Barry

Iris Kürschner

Barry

Die Hospizhunde vom Grossen Sankt Bernhard

Inhalt

Karina und Jella auf der Passhöhe.

Seite 8: Während des Winters ist die Passstrasse über den Grossen Sankt Bernhard gesperrt und das Hospiz Anlaufstelle für Schneeschuh- und Skitourengänger.

Auf historischen Spuren

Über fünftausend Jahre Geschichte prägen den
Grossen-Sankt-Bernhard-Pass, eingebettet
in eine einzigartige alpine Landschaft zwischen
schroffem Fels, stahlblauen Bergseen und
blühenden Alpwiesen. Funde haben ergeben,
dass die seit jeher eisfreie Verbindung zwischen
Nord- und Südeuropa bereits zur Jungstein-
zeit genutzt wurde. Seit dem Mittelalter sorgt
das von den Augustiner-Chorherren geführte
Hospiz mit selbstloser Gastfreundschaft
für den Schutz der Reisenden. Ihre legendäre
Hundezucht, die Wiege der Bernhardiner,
wurde zum Markenzeichen, der Pass im Zuge
des Tourismus zur Sehenswürdigkeit.

Nicht nur die einzigartige Landschaft lockt Menschen aus aller Welt auf den Grossen-Sankt-Bernhard-Pass, sondern vor allem auch die aussergewöhnliche Geschichte. Die Einsattelung zwischen Montblanc- und Grand-Combin-Massiv belebt mystische Kräfte und Legenden.

Gerade im Winter, wenn der Passübergang geschlossen ist, bietet das Hospiz auf dem Grossen Sankt Bernhard einmalige Rückzugsmöglichkeiten vom stressvollen Alltag. Die Stille und die Besinnung auf die tatsächlichen Werte lassen jeden neue Energien tanken. Mit Schneeschuhen oder auf Skiern ist das Hospiz in einer angenehmen zweistündigen Wanderung zu erreichen. Der herzliche Empfang und ein heisser Tee zur Begrüssung sind hier selbstverständlich.

Seit der Gründung des Hospizes um 1050, vor einem knappen Jahrtausend, waren die Türen nie verschlossen, wurde Gastfreundschaft immer grossgeschrieben. Das Herz der Chorherren ist so weit, dass, selbst um einem vom Sturm erschöpften Schwalbenschwarm Einlass zu gewähren, alle Fenster geöffnet werden, wie es im Jahr 1913 einmal

Zur Andacht und zum Essen wird die Hospizglocke geläutet, auch heute noch.

geschehen ist. Damals wie heute wird jeder Gast gleich behandelt, egal welcher Herkunft, welchen Standes und welcher Konfession oder auch konfessionslos.

Kaum hat die untergehende Sonne die Gebirgsszenerie in flammendes Rot getaucht, hallt Glockengeläut durch das dicke Gemäuer und trommelt die Gäste zum Abendessen zusammen. Üppig wird aufgetischt, nicht selten bringen Besucher Frischkost mit herauf, die als knackiger Salat die Tafel bereichert. Prior Jean-

Egal ob Schmuggler wie hier oder Zöllner, Adelige oder Arme, jedem wird im Hospiz Gastfreundschaft gewährt.

Marie Lovey betritt die Stube und füllt mit seiner Ausstrahlung den Raum. Das lange schwarze «Chorhemd» mit dem weissen Band – Letzteres von den Brüdern ironisch «die Hosenträger» genannt –, das den Augustinerorden ausgezeichnet hat, ist seit 1992 einer praktischeren Bekleidung gewichen. Die Chorherren unterscheiden sich vom normalen Gast nur noch durch das beige Leinenhemd und das auf der Brust baumelnde Holzkreuz. Der Prior erkundigt sich, ob das Essen schmeckt, ob alle zufrieden sind, und kündigt das Abendprogramm an. Mal wird das im Winter geschlossene Museum im benachbarten Hotel zur Besichtigung geöffnet, mal wird ein Film gezeigt. Danach steht der Prior für Fragen zur Verfügung. Dabei wird natürlich auch immer wieder die Frage nach den Hunden gestellt. Es scheint, als würde dieses Thema die Menschen am brennendsten interessieren. Die Anwesenden sind meist überrascht zu erfahren, dass die Hunde das bald ein Jahrtausend währende Lebenswerk

Bis zu 20 Meter Schnee fallen in starken Wintern auf der Passhöhe. Die frühere Handarbeit der Chorherren wird heute allerdings von einer Schneefräse erledigt.

des Hospizes nur etwa 300 Jahre begleitet haben. Doch ihre ungewöhnliche Geschichte brachte den Chorherren weltweiten Ruhm ein, wovon sie – wenn sie das auch gerne etwas abschwächen – heute noch profitieren. Die Losung des Augustinerordens, «hic Christus adoratur et pascitur» (Christus anbetend verehren und ihn im Nächsten verpflegen), steht über allen Dingen. Der Dienst am Menschen – zuhören, Beistand geben, für Verpflegung sorgen – hatte immer Priorität. Die Chorherren hören es nicht gerne, wenn

man sie als Mönche bezeichnet. Ein Mönch zieht sich zum Meditieren von der Welt zurück, die Chorherren verkörpern genau das Gegenteil, sie öffnen sich der Welt und ihren Problemen. Vielleicht ist das der Grund, warum man sich hier so wohl fühlt.

Oblate Jacqueline – «Oblate» werden die weiblichen Mitglieder des Augustinerordens genannt – weist den Gästen ihre Zimmer zu. Im obersten Stock warten gemütliche Einzelzimmer mit Privatdusche auf jene, die sich in die

In auf den Hinterbeinen stehender Haltung sind Bernhardiner fast so gross wie ein erwachsener Mensch.

Stille zurückziehen möchten; in den unteren Stockwerken stehen Mehrbettzimmer zur Verfügung. Jacqueline, der früheren Bankangestellten von Verbier, war der Materialismus kein Lebensinhalt mehr, und sie brachte den Mut auf, sich ganz für ein spirituelles Leben zu entscheiden. Diesen Entschluss fasste sie vor über fünfzehn Jahren. Sie erhält kein Gehalt mehr, dafür wird seitens des Ordens für Kost, Logis und einen gesicherten Lebensabend gesorgt. Bereut hat sie es nie, denn sie empfindet ihr Leben nun als von Sinn und Zufriedenheit erfüllt. Sie sprüht nur so vor Leben. Auch Chanoine Frédéric ist seit langem mit dabei. 1986 fing er als Novize an, hielt sechs Jahre in dem zum Orden gehörenden Simplon-Hospiz die Stellung und wechselte vor zehn Jahren zum Hospiz am Grossen Sankt Bernhard, wo er seither auch für den Wetterdienst zuständig ist. Dreimal täglich werden die Daten an die Wetterzentrale in Zürich übermittelt. «Im Durchschnitt messen wir 15 bis 16 Meter Schnee», erzählt er. Im Rekordwinter 1976/77 waren es sogar 24,64 Meter gemessene Schneehöhe, und der Passsee taute damals erst am 13. August vollends auf. Vor allem der Wind verwandelt die Passhöhe in «ein Gefrierfach», 200 Stundenkilometer Windgeschwindigkeit sind Standard und halten die Durchschnittstemperatur auf Spitzbergenniveau. Es gibt kaum einen Monat ohne Schnee, ein Umstand, der vor allem die früheren Reisenden vor den Zeiten der Hightech-Entwicklungen einige Nerven gekostet hat. Das «Lauitier» war gefürchtet. Der Alpenpionier und Gelehrte Aegidius Tschudi berichtet, es sei verboten, laut zu schreien oder zu singen, um keine Lawinen auszulösen.

Marroniers, Helfer des Hospizes, gingen täglich den Reisenden entgegen. Als Einheimische kannten sie das Gebiet wie ihre Westentasche. Ab dem 18. Jahrhundert wurden sie von den Hunden begleitet.

Die Totenkumme

Die Morgue, das frühere Totenhaus, ist das Erste, was man beim Aufstieg durch die Combe des Morts vom Pass erblickt. Ein um 1476 zwischen Wallisern, Bernern und Piemontesen ausgefochtener Kampf hat der Talverengung den Namen Totenkumme eingebracht. Von diesem Kampf rührt auch das Totenhaus her, denn die Toten liessen sich in dem gefrorenen Boden schlecht begraben. Seither fanden alle nicht identifizierbaren Lawinen- und Erfrierungsopfer, die im Bereich des Hospizes den Tod fanden, ihre letzte Ruhestätte in dem kleinen Steinbau neben der Pilgerherberge. Aus Platzmangel wurden sie an Brettern senkrecht aufgestellt, und dann trocknete der Wind, der durch die offenen Fenster strich, sie zu Mumien aus. «Weil schamlose Besucher sich an den Toten vergriffen, sogar Knochenstücke oder Zähne als Souvenir mitnahmen, musste das Totenhaus schliesslich zugemauert werden», berichtet Chanoine Frédéric.

Im Namen der Götter

Da der Grosse-Sankt-Bernhard-Pass als einer der Ersten im Jahr eisfrei ist, war er schon früh einer der wichtigsten Übergänge der Penninischen Alpen – deren Bezeichnung geht übrigens auf die Gottheit Penn zurück, die vor allem während der Eisenzeit

Die Erfindung der Skier Anfang des 20. Jahrhunderts erleichterte die Arbeit von Chorherren und Marroniers beträchtlich.

verehrt wurde. Die Römer bauten dann den Weg aus, um die unterworfenen Provinzen Octodure (Martigny) und Augusta Proetoria (Aosta) mit Rom zu verbinden. Zahlreiche Münzfunde, die im Hospizmuseum zu besichtigen sind, belegen einen regen Durchgangsverkehr aus ganz Europa.

Am Pass löste ein Gott den anderen ab. An der Opferstelle für den Gott Penn wurde ein Jupiter geweihter Tempel errichtet. Bis heute trägt diese Stelle den Namen Plan de Jupiter. Auch bestätigten um 1892 durchgeführte Ausgrabungen den Bau zweier *Mansiones,* die Pilgern und Händlern erstmals Unterschlupf boten. Nach der Gottheit wurde der Pass «Mons Jovis»

genannt, später «Mont-Joux», der Jupiterberg. Wegelagerer und Räuber nutzten das entlegene Gelände aus, plünderten und schikanierten nach Herzenslust die das Hochgebirge nicht gewohnten Reisenden. Das rauhe Klima tat ein Übriges. In den Annalen der Geschichte tauchte 784 ein Brief auf, von Papst Hadrian I. an Karl den Grossen gerichtet, mit der Bitte, sich für den Ausbau der Hospize an den Alpenpässen einzusetzen. Dieser liess ein Kloster im heutigen Bourg-Saint-Pierre bauen, das aber durch die Übergriffe von Lombarden und Sarazenen zerstört wurde. Als Nachfolger entstand um 1050 ein Gebäude direkt auf dem Pass, das Kirche und Hospiz zugleich war. Für das Baumaterial bediente man sich teilweise an den weiter unten gelegenen Ruinen des Jupitertempels und der *Mansiones*. Zahlreiche Legenden ranken sich um den Gründer, den damaligen Erzdiakon Bernhard von Aosta. Seine adelige Herkunft wird meist mit der savoyardischen Familie de Menthon am Lac d'Annecy in Verbindung gebracht. Es gibt aber auch Historiker, die eine Abstammung von der Familie des Vicomte Boson in Aosta für wahrscheinlicher halten. Handfest belegt ist es nirgends.

Laut der Legende soll dem Knaben Bernhard, aufgewachsen im Schloss von Menthon, der heilige Nikolaus von Myra im Traum erschienen sein. Er befolgt dessen Rat und wird Geistlicher. Bernhard entflieht der ihm von den Eltern zugedachten Zukunft und wird Mitglied des Kapitels von Aosta. Durch Pilger bekommt er die Greueltaten der Wegelagerer am Mont-Joux mit, und wieder erscheint ihm der heilige Nikolaus im Traum und legt ihm nahe, diesem Unwesen ein Ende zu bereiten. Bernhard begleitet Pilger zum Pass, bezwingt den Drachen, die Verkörperung des Teufels, und veranlasst den Bau eines Gebäudes, dessen Grundstruktur noch im heutigen Hospiz erhalten geblieben ist. Mit dem Betrieb des Hospizes, das dem heiligen Nikolaus geweiht wird, beauftragt er den Augustinerorden, der die antike Tradition der Gastlichkeit in christlichem Sinne fortsetzen soll. Im Jahre 1123, etwa vierzig Jahre nach seinem Tod, wird Bernhard durch den Bischof von Novara heiliggesprochen, und 800 Jahre später erhebt Papst Pius XI. ihn zum Schutzpatron der Bergsteiger. Erst 1154 taucht ein Schriftstück auf, in dem von einem «Bernhardhospiz» die Rede ist. In einem Pilgerführer von 1139 wird es mit dem Hospiz von Jerusalem und dem Hospiz St. Christina am Pilgerweg nach Santiago zu den weltweit wichtigsten Hospizen gezählt.

Rätsel um Bernhard

Der Blick vom Hospiz in Richtung Italien bleibt unweigerlich an der gewaltigen Bronzestatue des heiligen Bernhard hängen, die seit 1905 den Plan de Jupiter krönt. Im Sommer wird dem Hei-

«Für viele Menschen, grosse und kleine, könnte Hundetreue vorbildlich sein. Mehr Menschen haben ihre besten Freunde verraten als Hunde die ihren.» Adolf Fux

Joseph Vuyet, Inhaber des mittleren Kiosks auf der italienischen Seite der Passhöhe, verfügt über die grösste Auswahl historischer Postkarten.

ligen zu Ehren der 15. Juni festlich begangen, da dieses Datum als sein Bestattungstag gilt. Es sind die Legenden, die den Pass mystisch verzaubern. Barry und Bernhard sind im touristischen Zeitalter das Ziel und nicht mehr die damals notwendige Überwindung der Alpenbarriere. Es ist verwunderlich, dass erst Anfang des 15. Jahrhunderts, also fast 500 Jahre nach dem Tod des heiligen Bernhard, ein Lebenslauf auftaucht, in dem erstmals seine «wahre» Herkunft enthüllt wird; zumal in einer Zeit, als die Propste des Hospizes besonders leidenschaftlich am Hofe Savoyens verkehren. Der mysteriöse Lebenslauf wird Richard vom Val d'Isère zugeschrieben, der behauptet, Bernhard sei im Jahre 923 als Sohn Richards

von Menthon, Baron am Lac d'Annecy, geboren. Sein historisch belegtes Sterbejahr liegt zwischen 1081 und 1086. Demzufolge müsste Bernhard ein Alter von 160 Jahren erreicht haben! Die Datierung seines Skeletts hat jedoch ein Alter von rund 65 Jahren ergeben. Im Schloss von Menthon sind Zweifel ausgeschlossen: Hier ist man stolz, einen Heiligen in seiner Ahnentafel aufzuweisen. Seit 1943 ist das Dörfchen gar in Menthon-Saint-Bernard umgetauft. Natürlich hat Olivier de Menthon, der derzeitige Schlossherr, auch ein Herz für Hunde, die den Namen seines Vorfahren tragen. Zum 100-Jahr-Jubiläum des französischen Bernhardinerclubs im Mai 2008 stellte er sein herrschaftliches Areal für die Festlichkeiten zur Verfügung. Die drei Bernhardiner seiner Gemahlin mussten derweil allerdings unter Verschluss genommen werden, da sie ihr Reich sonst leidenschaftlich verteidigt hätten.

Von Barbarossa bis Napoleon

Im Laufe der Jahrhunderte überquert eine illustre Schar den Sankt-Bernhard-Pass, darunter zahlreiche gekrönte weltliche und geistliche Häupter. Viele bedenken das Hospiz mit grosszügigen Schenkungen, und die Besitztümer der Kongregation – darunter Kirchen, Abteien, Krankenhäuser, Weinberge, Bauernhöfe und Alpen – reichen im Mittelalter von England bis Sizilien. Unvergesslich geblieben ist vor allem der Durchzug von Napoleons Heer im Mai des Jahres 1800. In nur zehn Tagen bewältigen 46 000 Soldaten den alpinen Übergang. Die Methode, die schweren Kanonenrohre in ausgehöhlten Baumstämmen zu transportieren, geht als Geniestreich in die Geschichte ein. Am 20. Mai steht Bonaparte selbst auf der Passhöhe und erfreut sich der gerühmten Gastfreundschaft der Chorherren. Fast wäre ihm sein geliebter Dreispitz, der später als «Napoleonhut» in der Modegeschichte Furore macht, verloren gegangen, als sein Maultier stolpert. Doch einer der Hospizhunde rettet den Hut, vielleicht das Schlüsselerlebnis des ersten Konsuls und späteren Kaisers, den Hunden seine Aufmerksamkeit zu schenken. Seine Fusssoldaten tun dies längst, helfen doch die Hunde ihnen auf dem Weg durch den beschwerlichen Schnee. Auch tragen die Vierbeiner Packsättel mit Brot und Käse, ausserdem einen mit Schnaps gefüllten Lederbeutel um den Körper, um den Chorherren die Versorgung der völlig erschöpften Soldaten zu erleichtern. Die Kunde der aussergewöhnlichen Hunde vom Hospiz verbreiten die Soldaten Napoleons in alle Himmelsrichtungen. Ein Umstand, der Barry berühmt macht, der im geschichtlich so bedeutenden Jahr 1800 das Licht der Welt erblickt.

Barry – eine Legende wird geboren

Barry I ist gerade mal ein Welpe, als Napoleons Armee über den Pass zieht und General Berthier ihn gerne mitnehmen möchte. Doch Hundeführer Julius Genoud

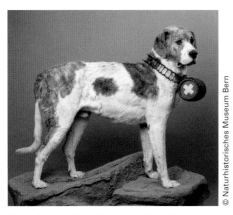

Barry I – mit ihm begann der Mythos. Seine augestopfte Hülle ist im Naturhistorischen Museum in Bern ausgestellt.

wehrt sich vehement dagegen, erkennt er in Barry doch die aussergewöhnlichen Anlagen: Sein ruhiges Wesen, sein hochsensibles Gespür, seine unermüdliche Aufopferungsgabe lassen den Hund im Laufe seines Lebens zur Legende werden. Vierzig Menschenleben soll er gerettet haben. Lawinenabgänge scheint Barry schon im Vorfeld zu spüren, wie ein Radargerät führt er die Helfer zu den Stellen im weissen Chaos und zeigt mit Gebell an, wo zu graben ist. Nur seinem eigenen Retter, Julius, kann er nicht mehr helfen. Die schweren Lawinenmassen haben ihm schon das Leben abgetrotzt, bevor Barry zur Stelle ist. Wochenlang trauert der Hund und scheint keine Freude mehr zu finden.

Es liegt nahe, die Geschichte des vierbeinigen Helden auch mit einem heroischen Abgang auszuschmücken. So soll Barry bei der Rettung eines im Delirium liegenden Söldners von diesem in der Annahme, er werde von einem Wolf angegriffen, niedergestochen worden sein. Schwer verletzt kämpft sich Barry zurück zum Hospiz. Zur Genesung wird er 1812 in das milde Klima von Bern geschickt, wo er 1814 stirbt. Nur Letzteres ist erwiesen. «Barry sollte unvergessen bleiben», schreibt Adolf Fux in seinem rührenden Roman *Barry vom Grossen Sankt Bernhard*. «Nach sorgfältiger Behandlung erhielt seine leibliche Hülle im Naturhistorischen Museum in Bern einen Ehrenplatz.» Dort kann der legendäre Lawinenhund Barry I von den Besuchern bewundert werden. Ausserdem trägt immer ein Rüde der Zucht zu Ehren Barrys seinen Namen.

Les Chiens du St. Bernard

Aussehen und Grösse waren früher unbedeutend, einzig ihre Eignung als Schutz- und Rettungshunde zählte.

Vom Wachhund zum Lebensretter

Als Wachhunde werden die Bernhardiner zunächst auch auf dem Hospiz gehalten; sie sollen vor Räubern schützen, die es nicht selten auf den Kirchenschatz abgesehen haben. Erst später kommt den Hunden die Funktion als Lebensretter zu. Ihre Herkunft liegt völlig im Dunkeln. Im Mittelalter gehört es zum Prestige reicher Familien, sich einen imposanten Bauernhund zu halten. In zahlreichen Familienwappen tauchen den Bernhardinern nicht unähnliche Hundeköpfe auf. Man nimmt an, dass einige Hunde irgendwann in der zweiten Hälfte des 17. Jahrhunderts als Spende an die Chorherren gingen. Auf einem Gemälde von 1695 wird das Hospiz erstmals mit Hunden dargestellt. Skurril ist die erste schriftliche Erwähnung von Prior Ballalu aus dem Jahre 1708: «Im Jahre 1700 konstruierte der Chorherr Camos ein grosses Rad (Laufrolle), in das man einen Hund sperrt, um den Bratspiess zu drehen ...» Gefragt sind die

Hunde auch als Zug- und Trag-
tiere, um Milch, Butter und Käse
zu transportieren. Um 1750
beginnen die Marroniers (Hospiz-
helfer), die Hospizhunde zu dres-
sieren. Dank ihrer korpulenten
Gestalt sind die Hunde bestens
geeignet, um sich einen Weg
durch den tiefen Schnee zu bah-
nen, und ihre sensible Nase
spürt verschüttete und verirrte
Passgänger verlässlich auf.
Die Zahl der sich bis dahin am
Pass nahezu täglich ereignenden
Todesfälle geht augenblicklich
zurück. Das Heer Napoleons hat
nicht ein Opfer zu beklagen.
Durch die Mundpropaganda der
Soldaten kommt die Legende
in Gang, und die Geschichten um
die Lebensretter werden von
Mal zu Mal mehr ausgeschmückt.
Erst Gemälde und Reiseberichte,
dann Postkarten, Plüschtiere
und jeglicher Nippes in Bernhar-
dinerform gehen um die Welt.
Mit dem Erbgut der «heiligen
Hunde» die eigene Zucht aufzu-
frischen wird zum begehrten
Ziel. General Berthier nimmt sich
den Bruder von Barry mit, der
Grossherzog der Toskana, der
preussische König, der Herzog
von Genua, der Prinz von Wales,
das englische Königshaus, die
Grafen von Rougemont und viele
mehr folgen. Von Australien

bis Südafrika, von Amerika bis
Asien gibt es heute Bernhardinerclubs, der Schweizer
Nationalhund wird in 30 Ländern
gezüchtet.

Vom «Bastard» zum Bernhardiner

Darüber, ob der Bernhardiner
vom Alpen- und Bauernhund
oder von der tibetischen Dogge
abstammt, wird unter den
Kynologen seit langem diskutiert.
Aufgrund der überlieferten
Dokumente weiss man, dass die
Hospizhunde kein einheitliches
Aussehen hatten. «Der Zweck
der Hunde war ja nicht, irgend-
welchen Idealen bezüglich ihres
Aussehens gerecht zu werden,
sondern sich auf dem Hospiz bei
der Arbeit zu bewähren», reflek-
tiert Marc Nussbaumer, Kurator
am Naturhistorischen Museum
Bern. Der Rassestandard des
Bernhardiners bildet sich erst in
der zweiten Hälfte des 19. Jahrhunderts heraus. Bis dahin sind
sie als Klosterhunde, Hunde
vom St. Bernhardberg, Lawinen-
doggen und seit Barry auch
als Barryhunde bekannt, unter

Der Rassehund heute –
Salsa und zwei ihrer Welpen.

Grand St. Bernard, arrivée de l'Autobus Jtalien

Im Jahr 1893 war die Strasse auf Schweizer Seite bis zum Hospiz fertiggestellt, und im Juli 1905 konnte die durchgehende Verbindung Martigny–Aosta eröffnet werden.

den Engländern als Alpine Mastiff oder St. Bernhard Mastiff. Die Hundezucht der Chorherren steckt im Laufe der Jahrhunderte immer mal wieder in einer Krise. Mit der Einkreuzung anderer Rassen, darunter langhaarige Neufundländer, versuchen sie den Inzuchtproblemen entgegenzuwirken. Die gutmütigen Arbeitshunde werden immer beliebter. Nicht nur am Sankt-Bernhard-Pass dienen sie als Wegbahner und Lawinenhunde, auch im Tal sind sie als Zughunde gefragt. Mitte des 19. Jahrhunderts tut sich

Heinrich Schumacher hervor. Der hundebegeisterte Metzgermeister und Wirt aus Holligen bei Bern hat sich ganz der Bernhardinerzucht verschrieben. Sein Ideal ist Barry I. Dank guter Auslese sind seine Zuchtresultate hervorragend. Er verkauft ins Ausland, nimmt an Hundeausstellungen teil, deren Ära 1862 mit der Ausstellung im britischen Birmingham beginnt. Schumacher ist der Erste, der ab 1867 seinen Hunden Abstammungsurkunden ausstellt, was schliesslich im Februar 1884 zur Eröffnung des «Schwei-

Von 1950 bis 1981 war der Vater von Kioskinhaber Joseph Vuyet Marronier.

Mitunter trugen die Hospizhunde ein «Körbchen mit Stärkungsmittel oder ein Fläschchen mit Wein».

zerischen Hundestammbuches» führt. Einen Monat später gründet Schumacher mit einer Gruppe von Züchtern den ersten St.-Bernhard-Club der Schweiz. Die Engländer, schon 1882 mit einem eigenen St.-Bernhard-Club vertreten, behindern den Versuch der Schweizer, einen inter-national gültigen Rassestandard durch-zusetzen. Auf dem im Juni 1887 veranstalteten Kynologischen Kongress in Zürich gelingt es dann aber doch. Ausserdem wird der Hospizhund unter dem Namen St.-Bernhard-Hund und Bernhardiner offiziell als schweizerische Hunderasse anerkannt. Seither gilt er als Schweizer Nationalhund. Einzig die Engländer und US-Amerikaner bestehen bis heute auf ihrem eigenen Rassestandard. Der Geschmack gewisser Kreise an immer grösser werdenden Hunden mit schwerem Schädel steht ganz im Gegensatz zu Schumachers gesunden, beweglichen Gebrauchshunden und den heutigen Hospizhunden.

Die Hospizbibliothek birgt literarische Kostbarkeiten wie den «Guide du botaniste dans le Valais» von Chorherr Murith oder «Nouveau Voyage en Zigzag», eine Reiseerzählung aus dem Jahr 1877 von Rudolf Töpffer.

Das «Bréviaire» (1475–1477) kann im Trésor des Hospizes besichtigt werden.

Kulturschätze

Die Hospizglocke schlägt zu den Mahlzeiten wie auch zum Gebet, als ob seit damals nicht schon Jahrhunderte ins Land gegangen wären. Sieben Uhr morgens – Prior Jean-Marie Lovey eilt herbei, um am Strang zu ziehen. Sein Gesicht wird vom Widerschein des Marmorgrabs erhellt, das im Auftrag Napoleons zum Gedenken an General Desaix, einen seiner besten Männer, eigens von Paris zum Sankt-Bernhard-Hospiz gebracht wurde. Die allmorgendliche Andacht findet im Gewölbekeller unter der Hauptkirche statt. Dort befindet sich auch die Grotte, in die sich schon der heilige Bernhard zur Meditation zurückgezogen haben soll. Im Erdgeschoss ist der Kirchenschatz untergebracht. Neben zahlreichen Kultgegenständen in verglasten Vitrinen sticht die Büste des heiligen Bernhard ins Auge, die Zahn und Rippe des Gründers enthält. Weitere Reliquien von ihm befinden sich in Novara sowie in der Schlosskapelle von Menthon-Saint-Bernard. Die Bibliothek ist nur den Chorherren zugänglich. An die 30 000 Bände zeugen davon, dass das Hospiz auch ein Zentrum wissenschaftlicher Arbeiten war. Als Pionier tat sich Anfang des 19. Jahrhunderts Chorherr Murith hervor, als er seinen *Guide du botaniste dans le Valais* publizierte. Seine stolze Sammlung von Pflanzen und

Passsee mit Hospiz, im Hintergrund der Mont Vélan.

Mineralien lieferte übrigens den Grundstein für das Hospizmuseum. Es ist das älteste Museum im Kanton Wallis.

Die Moderne

Natürlich hat sich mittlerweile einiges verändert. Noch bis 1940 sind die Gäste gratis bewirtet worden. Doch das zunehmend schamlose Ausnutzen der kostenlosen Bewirtung hat den Orden des Öfteren schon fast in den Ruin getrieben, bis er zum Umdenken gezwungen wurde. Durch den Ausbau der Strassen wächst die Mobilität. Seit dem Bau der Strasse zum Sankt-Bernhard-Pass im Jahre 1905 ist die Strecke im Programm vieler Reiseveranstalter. Manche führen in ihren Leistungen die Hospizmahlzeiten auf, obwohl diese kostenlos vergeben werden. Das neu gebaute Haus mit doppelt so viel Gästebetten wurde 1925 an einen Hotelier vermietet, und nur noch dem Fussvolk stand die kostenlose Pilgerkost im Hospiz zu. Doch dem Erfindungsreichtum sind keine Grenzen gesetzt: Ganz Schlaue stellten ihr Auto einfach in gewisser Entfernung ab. Heute muss hier jeder seine Halbpension bezahlen, und die Bernarde, die einst 10 000 Liter Wein für die Gäste bereitstellte, ist längst mit Wasser gefüllt.

Heute haben der Einsatz von Skiern und Helikoptern die Aufgabe der Hunde als Lebensretter hinfällig gemacht. Aus Tradition werden sie aber weiter

Alphonse Berthouzoz in jungen Jahren.

© Photo Edition Darbellay

gehalten. Sie sind der touristische Anziehungspunkt im Sommer. Anfang Juni, wenn die Strasse geöffnet wird, zügelt ein Teil der Bernhardinerzucht aus dem Hauptquartier Martigny auf die Passhöhe. Die Musse der Wintertage ist dann vorbei. Souvenirläden und Schilder locken die Touristen an. Vor allem die Hunde erobern jedes Herz im Sturm, auch dasjenige des Heiligen Vaters. Unvergesslich bleibt für Chanoine Frédéric der Besuch von Papst Benedikt XVI. im Juli 2006. «An die 600 Italiener wollten wissen, welche Hunde ‹Benedetto›

gestreichelt hatte«, ist später in einem «Geo»-Artikel zu lesen.

Frédéric nimmt es, wie es ist. Er zaubert noch jedem Besucher ein Lächeln auf die Lippen, wenn er sich als Bernhardiner vorstellt. Ob nun der Hund oder der Geistliche, Bernhardiner stehen als Symbol für bedingungslose Hilfsbereitschaft, als Symbol für die unglaublich starke Freundschaft und Kooperation zwischen Mensch und Tier. Joseph Vuyet kann sich gut erinnern, dass seinem Vater die Zusammenarbeit mit den Hunden sehr viel gegeben hat. Über dreissig Jahre war er als Marronier, als Hundewärter im Hospiz angestellt, derweil seine Frau am Pass einen Kiosk führte, in dem sie 1943 Sohn Joseph gebar. So ist Joseph Vuyets Leben untrennbar mit dem Pass und den Hunden verbunden, und bis heute verkauft er in seinem von den Eltern geerbten Kiosk am Pass die umfangreichste Sammlung an Hundepostkarten.

Seite 29: Die Karfreitagsprozession findet bei jedem Wetter statt.

Winterdomizil Hospiz

Für den Aufstieg zum Hospiz mit Schneeschuhen oder Skiern muss man vom Parkplatz Super Saint Bernard etwa 2 Stunden rechnen.

Die Route ist mit Stangen gut markiert und bis zum Beginn der Combe des Morts ein gepisteter Weg. Mit Skiern kann auch abgekürzt werden, indem man mit der Gondel zur Bergstation fährt und nach einer schönen Abfahrt westseitig dann nur noch einen halbstündigen Aufstieg zum Pass zu bewältigen hat.

Zu ausgeschriebenen Zeiten, die auch im Internet abrufbar sind, werden spirituelle Wochenenden und Skitourenwochen veranstaltet. Gefragt sind vor allem die Festtage um Weihnachten und Ostern. Unter anderem findet Karfreitag 14 Uhr eine Prozession auf Skiern (auch Schneeschuhe möglich) statt. Treffpunkt bei akzeptablem Wetter an der Schutzhütte Le Tronchet.

Anmeldungen für Tourentage bei Chorherr José Mittaz, Telefon +41 (0)27 787 12 36, mittazjose@mac.com, www.gsbernard.net

Die Lacs de Fenêtre können vom Hospiz über einen guten Bergpfad in zwei Stunden erreicht werden.

Jährlich Anfang August findet eine Bergmesse an der Statue des heiligen Bernhard statt.

Sommerdomizil Hospiz

Mit dem Auto ist das Hospiz von Anfang Juni bis Anfang/Mitte Oktober erreichbar. Für Fussfaule stehen dann zur Übernachtung zwei Hotels wie auch Gästezimmer im Restaurant Le Mont-Joux zur Verfügung. Nur wer aus eigener Kraft den Pass erreicht, darf die Gastfreundschaft im Hospiz annehmen.

Hospice du Grand-St-Bernard, CH-1946 Bourg-Saint-Pierre, Telefon +41 (0)27 787 12 36, hospicestbernard@bluewin.ch, www.gsbernard.ch
Hôtel de l'Hospice, Telefon +41 (0)27 787 11 53, www.hotelhospice.ch
Restaurant Le Mont-Joux, Telefon +41 (0)27 787 11 66
Albergo Italia, Telefon: +39 0165 780 908, www.gransanbernardo.it

Tipp: Empfehlenswert ist die hausgemachte valdostanische Küche der «Bar du Lac» auf italienischer Seite.

Öffnungszeiten des Hospizmuseums: Juni/September 9 bis 12 Uhr und 13 bis 18 Uhr, Juli/August 9 bis 19 Uhr. Die Kasse ist bis 30 Minuten vor Schliessung des Museums bedient.

Spaziergang an der Bisse du Trient.

Eintrittspreise für Museum und Hundezwinger: Erwachsene 8 SFr., Rentner 6.50 SFr., Kinder 5.50 SFr., Spezialtarife für Familien und Gruppen ab 10 Personen

Von Juli bis Mitte September besteht für Besucher die Möglichkeit, an einer Wanderung mit Bernhardinern teilzunehmen. Kombitickets für die Wanderung und den Eintritt ins Hospizmuseum mit dem Zwinger können bei der Fondation Barry reserviert werden (Telefon +41 [0]27 722 65 42).

Pro Grand-Saint-Bernard, der Förderverein für Natur, Geschichte und Tourismus am Grossen Sankt Bernhard, veranstaltet jedes Jahr Anfang August die Journée de l'Amitié auf der Passhöhe: www.prograndsaintbernard.ch

Bei dieser traditionellen Veranstaltung mit Musik und Polenta fehlen auch die Bernhardinerhunde nicht.

Wandertipp: Seen- und Drei-Pässe-Tour vom Hospiz über den Col des Chevaux und den Col du Bastilon zu den Lacs de Fenêtre und über das Fenêtre de Ferret zurück zum Hospiz. 6 Std.

Alphonse Berthouzoz – der Kräuterpater

Die meisten der Chorherren arbeiten irgendwann in ihrer Laufbahn als Seelsorger in einer der Kirchgemeinden der Kongregation. So auch Alphonse Berthouzoz. 26 Jahre hat er im Hospiz gelebt, jetzt ist er Prior und Dorfpfarrer in Bourg-Saint-Pierre. Nebenbei führt er eine Pilgerherberge, in der sich ganz nostalgisch übernachten lässt, zu Preisen wie vor fünfzig Jahren. Er lädt Besucher auch gerne zum Frühstück ein. Auf dem Tisch steht von ihm selbst eingekochte Marmelade, Honig vom Imker nebenan, Käse, den er den Bauern abkauft und im Keller lagert, um die lokale Wirtschaft zu fördern. In seinem Garten pflegt er Obst und Gemüse, und in seinen Regalen reihen sich Gläser mit Kräutern für Tee und zu Heilzwecken. Im Sommer führte er bis vor kurzem regelmässig interessierte Gruppen zum Kräutersammeln aus. An einer seiner botanischen Exkursionen teilzunehmen war eine echte Bereicherung. Und so mancher wollte dann natürlich wissen, welchem Rezept er seine jugendliche Ausstrahlung verdankt. Noch im Alter von 86 Jahren trägt er nämlich keine Brille.

Alphonse Berthouzoz trägt noch das schwarze Chorhemd.

Hut ab, Père Alphonse! «Jeden Morgen wasche ich mir mit einem Sud aus Euphrasia, im Volksmund Augentrost genannt, die Augen aus. In Kombination mit einer Massage der Augen und Schläfen, die das Blut zirkulieren lässt, verhindere ich das Nachlassen der Sehkraft», verrät er. «In dem kleinen Dorf bei Conthey, wo ich herkomme, gab es keine Apotheke, und die Menschen mussten sich selbst behelfen. Jeder sammelte damals Kräuter. Das Wissen um die

Früher stand auf dem Plan de Jupiter ein Tempel zu Ehren Jupiters, heute die Statue des heiligen Sankt Bernhard, an der alljährlich am Fest der Freundschaft (Journée de l'Amitié) Anfang August eine Bergmesse stattfindet.

Bedeutung der Pflanzen, für was und wie man sie anwendet, wurde von Generation zu Generation weitergegeben. Wir nutzten unter anderem Schafgarbe, Arnika und wilden Thymian, um uns zu behandeln. Letzterer hilft fantastisch bei Grippe und Erkältung. Viele Geistliche waren grosse Kenner der Heilmedizin. In der Grande Chartreuse zum Beispiel, wo die Mönche einen Likör produzieren, in dem die Heilkraft von 130 Kräutern schlummert, oder Pfarrer Künzle (1857 bis

1945) aus Wangs in der Ostschweiz, der als Kräuterdoktor berühmt wurde. Im Vergleich zu Künzle bin ich nur ein Novize», lächelt Père Alphonse bescheiden.

Schon auf dem Grossen Sankt Bernhard ging keiner der Geistlichen ohne Sammeltüte auf sommerliche Ausflüge. Diese Angewohnheit hat Alphonse Berthouzoz beibehalten. «Ich habe immer eine Tasche dabei, in die ich Pflanzen hineinlegen kann, um sie gleich bei meiner Rück-

Stolz zeigt Chorherr Berthouzoz sein Foto vom Papstbesuch auf der Passhöhe im Juli 2006.

Jahre für den meteorologischen Dienst im Hospiz zuständig gewesen. Auch Skitouren hat er damals geführt und bis vor kurzem noch an Wettbewerben, etwa den internationalen Langlaufrennen der Priester von Italien, Frankreich und der Schweiz, teilgenommen. «Als ältester Teilnehmer war ich zuletzt immer der Einzige in meiner Kategorie und habe immer gewonnen», schmunzelt er.

kehr im Schatten zu trocknen.» Auch andere Gewohnheiten kann er nicht ablegen. So kontrolliert er stets beim Hinaustreten aus seiner Haustür das Thermometer oder misst im Winter die Schneehöhe, schliesslich ist er zwanzig

In seinem Büro im Pfarrhaus hängen Auszüge aus seinem erlebnisreichen Leben, Bilder mit dem Papst, mit den Bernhardinern, von Gipfelkreuzen, von seiner Reise nach Asien. Mit zehn Geistlichen hat Alphonse Berthouzoz 1999 die Mission in Taiwan

Pilgerherberge von Alphonse Berthouzoz, 4 Zimmer, Selbstversorgerküche, Aussenbad, Telefon +41 (0)27 787 11 72 Im selben Gebäude befindet sich das Maison St-Pierre, ebenfalls mit Mehrbettzimmern und Selbstversorgerküche, Telefon +41 (0)79 823 84 16, www.maisonstpierre.ch

Anmeldung zu den botanischen Exkursionen: www.st-bernard.ch/Office/fr/Office_Bourg.html

Der Botanische Alpengarten «La Linnaea» steht den Besuchern immer offen, empfehlenswert ist jedoch besonders die Blütezeit zwischen Mai und Juli.

besucht, wo heute noch drei seiner Ordensbrüder leben. Man feierte damals den 50. Geburtstag von Maurice Tornay. Zu dessen Heiligsprechung durch Papst Johannes Paul II. 1993 fuhr Père Alphonse extra nach Rom. Wie sehr wir jeden Moment unseres Lebens geniessen müssen, zeigt uns das Schicksal von Alphonse Berthouzoz. Kurz vor der Fertigstellung dieses Buches traf den vor Gesundheit strotzenden 86-Jährigen ein Schlaganfall. Wir wünschen ihm viel Kraft, dass er wieder an seine Wirkungsstätte zurückkehren kann.

Abenteuer in Asien

Maurice Tornay, 1910 in der Gemeinde Orsières geboren, seit 1931 Geistlicher im Bernhardhospiz, war in der ersten Hälfte des 20. Jahrhunderts in eine verrückte Geschichte verwickelt. Der Orden kam der Bitte der Pariser Auslandsmissionen nach, einige gebirgstaugliche Priester in den Himalaya zu entsenden, um den Asiaten das Christentum näherzubringen. Eine erste Gruppe brach 1933 nach Weisi, einem Dorf in der chinesischen Provinz Yunnan auf, wo die Pariser bereits Stationen aufgebaut hatten. Tornay ist krank und kann erst drei Jahre später folgen. Politische Unruhen wie auch die Ablehnung der Lamas setzen den Missionaren zu. Es kommt immer wieder zu tödlichen Auseinandersetzungen, der Bau eines Hospizes am Latsu-Pass wird nie beendet. Tornay stirbt am 11. August 1949 im Kugelhagel eines Hinterhalts (1993 wird er als Märtyrer heiliggesprochen). Bald verhindert die Machtübernahme der Kommunisten jegliche weitere Missionsarbeit. Auf Einladung des Bischofs von Taipeh dürfen sich die Ordensbrüder dann in Taiwan niederlassen, wo sie noch heute diverse Kirchen und Schulen unterhalten.

Wer mehr über das Missionsabenteuer der Ordensbrüder vom Sankt Bernhard wissen möchte, sollte die Kirche von Orsières besuchen. Dort ist im Untergeschoss eine kostenlos zugängliche permanente Ausstellung eingerichtet.

Welpen haben einen ausgeprägten
Spieltrieb.

Die Barry-Stiftung

Die Zuchtstätte vom Grossen Sankt Bernhard ist die älteste und bedeutendste Bernhardinezucht der Welt und die grösste der Schweiz. Die Bernhardiner sind als Schweizer Nationalhund in die Geschichte eingegangen. Seit 2005 hat sich die Barry-Stiftung (Fondation Barry) ihrer angenommen, nicht nur um die Tradition am Ursprungsort zu erhalten, sondern auch um neue Massstäbe zu setzen. Weg vom «Kuscheltier», das besser aus Plüsch in jedem Souvenirshop gekauft werden kann, und zurück zum sportlicheren und damit gesünderen Hund, dem neue Aufgaben zugedacht werden. Als Therapie- und Streichelhunde schenken die «sanften Riesen» den Menschen viel Freude und geben manchem einen neuen Lebenssinn.

«Hunde züchten heisst nicht Hunde vermehren, sondern eine Rasse verbessern.» Hans Räber

Das Wunder der Geburt

Durch die mütterliche Zunge erhalten die Kleinen ihre lebensnotwendige Massage.

Eine kalte Dezembernacht. Wind pfeift durch das Rhonetal. Hunde-Hebamme Ruth Thomann spürt nichts davon. Sie hat sich eine Matratze in die Hundebox gelegt und schläft schon seit Tagen bei Noisette. Die trächtige Hündin hat sich in den Kopf gesetzt, mit Ruth die Matratze zu teilen. So soll es dann eben sein – bei werdenden Müttern drückt man gerne mal ein Auge zu. Wärme und Nähe sind für beide in der Sorge der Erwartung wohltuend. Doch als sich die über fünfzig Kilogramm schwere Bernhardinerhündin gegen fünf Uhr morgens plötzlich quer über sie legt, ist für Ruth Thomann sofort klar, dass es losgeht. Noch in derselben Minute setzen die Wehen ein. Das Handy liegt griffbereit, falls es zu Komplikationen kommt, genügt ein kurzer Anruf, und der Tierarzt ist sofort zur Stelle. Doch wie fast immer läuft alles planmässig ab. Obwohl es ihr erster Wurf ist, weiss die zweijährige Hündin instinktiv, was zu tun ist. Im Grunde muss Ruth Thomann nur präsent sein, den Beistand geben, der der Hündin Sicherheit vermittelt. Den Rest macht diese ganz allein. Je entspannter sie sich fühlt, um so besser verläuft die Geburt,

weiss Ruth Thomann aus Erfahrung, und ein bisschen ist sie auch stolz auf ihre Gabe, dem Tier Ruhe und Geborgenheit vermitteln zu können, auch wenn ihr selbst die Schmetterlinge im Bauch tanzen. Geht auch alles gut, keine Fehlgeburt, werden alle Welpen gesund sein? Solche Sorgen mischen sich automatisch in die Gedanken. Keinen Wurf hat Ruth verpasst, seit die Chorherren vom Grossen Sankt Bernhard im Jahr 2005 ihre legendäre Bernhardinerzucht an die Stiftung verkauft haben. Mit dem von Hans Räber verfassten *Brevier neuzeitlicher Hundezucht* unter dem Arm zieht sie dann in die Hundebox ein. Die mitunter recht langen Pausen zwischen den einzelnen Welpen lassen jede Menge Zeit, in

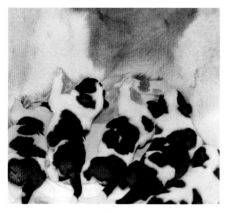

Die schwarzen Fellflecken der Welpen wechseln in den nächsten Wochen zu Braun.

Bernhardinerwelpen sind nicht grösser als eine Hand.

Kräftig wird gesaugt.

dem als «Bibel der schweizerischen Hundezucht» gehandelten Werk zu schmökern. Man will ja für alles gewappnet sein. Ganz wie Räber es beschreibt, geht auch Noisette zur Sache: «Die instinktsichere Hündin leckt sofort nach dem Austreiben des Welpen die Fruchthüllen weg, durchbeisst die Nabelschnur und verschlingt die Nachgeburt, die normalerweise gleichzeitig mit dem Welpen ausgestossen wird.» In einem Zeitraum von acht Stunden flutschen sieben nasse und blinde Winzlinge heraus, die sich fiepend an die Mutter drängen. Ein Freudentag für Ruth. Auch Erleichterung, dass alles gut gegangen ist. Eine Geburt ist immer wieder ein neues Wunder. Kurios, dass Hunde mit kleinem Wuchs verhältnismässig grosse Welpen werfen und Riesenrassen wie die Bernhardiner so kleine «Würmchen». Nackt, blind und mit verschlossenen Ohren kriechen sie, kaum aus der Eihülle geschlüpft, zur mütterlichen Milchquelle, einzig von ihrem Geruchs-, Tast- und Wärmesinn geleitet. Die Augen und Ohren beginnen sich zwischen dem 10. und 12. Tag zu öffnen. Liebevoll und unermüdlich leckt Noisette mit ihrer grossen, roten Zunge über ihre Neugeborenen. Sie wird sich auch die nächsten Tage davon nicht abbringen lassen, denn die Zungenmassage ist für die Kleinen lebensnotwendig: Nur so kommen die Organe in Gang, können sich Darm und Blase entleeren. Wie es bei Züchtern Usus ist, werden die Würfe in alphabetischer Reihenfolge benannt. Noisettes Geburt ist ein O-Wurf. Manche Buchstaben bereiten Kopfzerbrechen. Sieben Namen mit O? In der Zuchtstätte wird nicht lange gegrübelt. Kreative Köpfe erfinden: Osaka, Ovaïa, Otella, Orsina, O'Neil, Oracle und Orya und geben bereits den Welpen damit eine Persönlichkeit.

Alltag mit Abwechslung

Zwei Monate später. Die Welpen, vom Typ Langhaar, sind zu knuddeligen Teddybären herangewachsen, die jedes Menschenherz erweichen. Egal, was sie auch anstellen, man kann ihnen einfach nicht böse sein. Ihr Tatendrang ist unermüdlich. Alles wird neugierig inspiziert, angeknabbert, ausprobiert. Hosenbeine sind besonders beliebt. Nicht selten hängen gleich alle sieben an den Beinkleidern von Cécile Loye, kaum dass sie den Zwinger betreten hat. Die spitzen Zähnchen verhaken sich im Stoff, doch kaum hat sie das eine oder andere Maul von der Jeans gelöst, verbeisst sich schon wieder das nächste Fellknäuel. Die Welpen haben einen Riesenspass, und Cécile kann sich nur mit einem Ablenkungsmanöver aus ihrer misslichen Lage befreien. Ein Stock oder ein Ball liegt immer herum, und die Welpen sind schnell abgelenkt, toben und balgen kreuz und quer, fordern Noisette, die Mutter, zum Spiel heraus, bis sie müde sind und sich zu einem Nickerchen auf der weichen Korbmatte zusammenrollen. Zeit für Cécile, anderen Arbeiten nachzugehen. Die junge Walliserin zählt zu einem Team von acht Tierpflegern, die sich um das Wohl der etwa fünfundzwanzig in der Zuchtstätte lebenden Bernhardiner kümmern. Das Team vervollständigen der Tierarzt Dr. Jean-Romain Carroz und die auch als Hebamme geschätzte Rassespezialistin Ruth Thomann.

Hauskater Pirate versteht sich bestens mit den gutmütigen Bernhardinern.

Alles wird von den spitzen Zähnchen der Welpen unter die Lupe genommen.

Was flüstert Noisette wohl ihren Nachkommen zu?

Jeder Hund bekommt hier eine individuelle Betreuung. Cécile macht sich an Gallia zu schaffen. Die Zuchthündin steht ganz ruhig auf dem Arbeitstisch und geniesst sichtlich das Bürsten ihres Fells. Auch bei der sicher nicht angenehmen Zahnsteinbehandlung tut sie keinen Mucks und lässt geduldig alles über sich ergehen. Sie leckt nur hie und da mit ihrer langen Zunge über ihre Nase und zwischendurch auch mal über Céciles Gesicht. Die nimmt lachend den feuchten Kuss entgegen und lässt sich nicht unterbrechen. Eine gute Mundhygiene ist auch für Hunde wichtig. Bakterien, die sich im Zahnstein wie auch in der Mundschleimhaut festsetzen, können chronische Zahnfleischentzündungen auslösen und natürlich Mundgeruch. Wer will schon einen Hund mit üblem Atem liebkosen? Pirate, der Hauskater, leistet Gesellschaft. Nur zu gerne streicht er zwischen den Hundebeinen hindurch, reibt sich an den kräftigen Bernhardinerfesseln und springt dann in sein Körbchen auf dem Nachbartisch. Das Gesetz, dass sich Hund und Katze nicht vertragen, ist hier ausser Kraft gesetzt. Oder liegt es

Gaudi beim Bad in farbigen Spielbällen.

vielleicht am gutmütigen Wesen der Bernhardiner? Cécile nimmt sich den nächsten Schützling vor. Regelmässig werden bei einem jeden das Deckhaar gebürstet, die Zähne kontrolliert und von Zahnstein befreit, der Gesundheitsstand überprüft, für Auslauf und Ausbildung gesorgt. Die Arbeit wie auch das Leben der Hunde ist voller Abwechslung, und alle profitieren davon. Es ist den Gesichtern abzulesen.

Täglich verbringt ein Teil der Bernhardiner den Tag im Bernhardinermuseum von Martigny, wo sie die grösste Attraktion darstellen, vor allem natürlich die Welpen. Die Besucher können dort einen Zwingergarten und verglaste Hundeboxen besichtigen. Im Winter bleibt der andere Teil in der Zuchtstätte, die ebenfalls jedem Interessierten offen steht. Im Sommer wird zwischen Hundemuseum und Hospiz am Grossen Sankt Bernhard abgewechselt. Von Anfang Juni, wenn die Passstrasse wieder geöffnet ist, bis Anfang Oktober sind also immer etwa die Hälfte der Bernhardiner auf der Passhöhe. Das war die Forderung der Chorherren vom Grossen Sankt Bernhard, ohne deren Gewährleistung der Zuschlag zum Kauf der Zucht nicht vergeben worden wäre. Denn ohne die Hunde wäre dem Pass die touristische Hauptanziehungskraft genommen. Sie lassen die Geschichten um den legendären Barry weiterleben und stehen als Symbol für die unermüdliche Hilfsbereitschaft des Hospizes.

Fortschritt bringt Wandel

Prior Jean-Marie Lovey erinnert sich: «Schon seit längerem stand der Verkauf unserer Hundezucht zur Diskussion. Unsere oberste Priorität ist die Betreuung und Hilfe am Menschen. Die Hunde hatten uns dabei über drei Jahrhunderte wertvolle Hilfe geleistet, doch mit dem Fortschritt verloren sie ihre Funktion. Der Pistenbully übernimmt heute das

Gallia und Kathy beim Fototermin.

Wegebahnen, Lawinensuchgeräte und Helikopter die Rettung von Verschütteten, und als Lawinenhund hat sich der leichtere und temperamentvollere Schäferhund durchgesetzt. Es schien uns sinnvoller, den Bernhardinern eine neue Funktion zu geben. Was denn auch mit dem Verkauf der Zucht an eine eigens dafür gegründete Stiftung gelungen ist. Seither werden die Tiere bei geführten Wanderungen, als Streichelhund und auch im Alters- oder Pflegeheim eingesetzt, um den Menschen Freude zu schenken.»

Pierrot Troillet, den ehemaligen Präsidenten des Vereins Pro Grand-Saint-Bernard, hatten die Chorherren seinerzeit mit der Regelung der neuen Besitzverhältnisse betraut. «Bei jährlich allein in der Sommersaison über 60 000 Besuchern blieb den nur noch vier verbliebenen Geistlichen schlichtweg keine Zeit für die Hunde. Schon seit langem wurden deshalb die Bernhardinerhunde von Helfern betreut. Der Entschluss zum endgültigen Verkauf war keine leichte Entscheidung, denn von der Anziehungskraft der Hunde lebten schliesslich auch die Mönche.»

In felsigem Gelände sind Bernhardiner in ihrem Element.

Ein Aufschrei ging damals durch die Medien und die Bernhardinerfreunde: «Die legendäre Bernhardinerzucht ist in Gefahr!», «Wird der wahre Bernhardiner aussterben?», wurde getitelt. Die Alarmglocken klingelten auch bei Ruedi Thomann, dem damaligen Präsidenten des Schweizerischen Bernhardiner-Clubs und heutigen Geschäftsführer der Stiftung. «Ich habe mit Pierrot Troillet wirklich eine Lösung gesucht, das Kulturgut der Bernhardiner zu bewahren. Die Zucht sollte in die Hände von Spezialisten übergehen, denen das Wohl der Hunde wichtiger war als nur die blosse Kommerzialisierung. Mit dem Geld einer Basler Gönnerin konnten wir dann eine Stiftung aufbauen und den Chorherren einen Vorschlag unterbreiten, der auf Zustimmung stiess.»

Seit April 2005 steht die Bernhardinerzucht nun unter der Obhut der Barry-Stiftung, und die Chorherren können sich wieder ganz der Seelsorge von Menschen widmen. Für den Passbesucher hat sich dabei nichts geändert, die Hunde sind wie eh und je im Sommer beim Hospiz, nur dass die Chorherren jetzt an die Stiftung einen Obolus für den Sommeraufenthalt der Hunde abgeben. In ähnlicher Kooperation wird auch mit dem Hundemuseum zusammengearbeitet. Die Kosten der Zuchtstätte und aller Aktivitäten mit den Hunden sind damit natürlich längst nicht gedeckt. «Wir sind eine Non-Profit-Organisation, die nicht das Ziel hat, Geld zu verdienen, sondern eine Tradition weiterzuführen. Viel ehrenamtliche Arbeit ist nötig und Erfindungsgeist, der uns auf die Idee mit den Patenschaften gebracht hat.

Nicht jeder kann sich einen Bernhardiner zu Hause halten. Das Tier braucht viel Platz, Auslauf und Aufmerksamkeit. Wem also die Möglichkeit, einen eigenen Hund zu halten, fehlt, der kann für einen Jahresbeitrag eine Patenschaft übernehmen, den Hund besuchen und mit ihm spazieren gehen.»

Das erste Bernhardinermuseum der Schweiz

Zur gleichen Zeit, als die Zucht der Bernhardiner an die Barry-Stiftung übergeben wurde, wurde die Stiftung «Bernard et Caroline de Watteville» gegründet. Das Genfer Bankiersehepaar wollte mit fünf Millionen Franken den Aufbau eines Bernhardinermuseums ermöglichen.

Die Überzeugungskunst des einflussreichen Léonard Gianadda, Inhaber des nach seinem Bruder benannten Kulturzentrums Pierre Gianadda, hatte gefruchtet. Schon seit langem wollte dieser ein solches Projekt realisieren, traf jedoch immer wieder auf Widerstand, nicht zuletzt auch seitens der Einwohner, die um ihre Ruhe fürchteten. Heute wird das Museum von allen Seiten als Bereicherung empfunden.

Dank der neuen Geldquelle konnte das alte Militärarsenal an der Route du Levant in Martigny gleich neben dem römischen Amphitheater geschmackvoll umgebaut und im Juni 2006 als «Musée et Chiens du Saint-Bernard» eingeweiht werden. Neben den lebenden Exemplaren der weltweit ältesten Hundezucht der Barry-Stiftung gestaltet sich auch der interaktive Aufbau der Ausstellungsräume als sehr lebendig. Mit Frédéric Künzi aus dem Val Ferret hatte Gianadda einen hochqualifizierten Kunsthistoriker gefunden, der das kreative Konzept entwickelt und alles zusammengetragen hat. Hier überfällt einen die gewohnte Museumsmüdigkeit garantiert nicht. Bereits im Filmvorführraum wird man gepackt von der aufwühlenden Geschichte der Lebensretter. Der Film mit dem Titel *François der Pilger* wurde eigens für das Museum gedreht. Auch Bernard de Watteville konnte als Darsteller gewonnen werden. Er spielt den Prior, der mit Marroniers (Hospizhelfern) und Hunden den im Sturm verirrten Pilger François aus einem mörderischen Schneetreiben rettet.

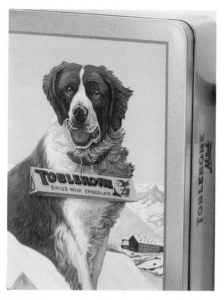

Beim Einsatz des Bernhardiners in der Werbung sind der Fantasie keine Grenzen gesetzt.

Historische Szenen schmücken hochwertiges Porzellan.

Reich ist die Auswahl an Souvenirs mit Bernhardinersujets.

Eine Kopie des legendären Barry I steht im «Musée et Chiens du Saint-Bernard».

Das «Musée et Chiens» zeigt eine beachtenswerte Briefmarkensammlung.

«Bei den Dreharbeiten hatten wir einfach nur das Problem, dass es strahlend schön war, wie fast immer im Wallis», schmunzelt Frédéric Künzi. «Also mussten wir mit Windmaschinen und Schneekanonen einen Sturm inszenieren.»

Neben der reichen Palette an Exponaten, die zum Ruhm Barrys beigetragen haben, ist vor allem auch die Briefmarkensammlung ein Anziehungspunkt, die farbenprächtige Barry-Motive aus 85 Ländern präsentiert. Mittels einer Taste kann jeder die Marke seiner Wahl aus dem Sortiment an die Wand projizieren, es folgen dann Dias, die Eindrücke aus dem jeweiligen Ursprungsland geben.

Erstaunlich ist der Erfindungsreichtum in der Werbebranche. Manches scheint weit hergeholt, wie eine Elektromarke, eine Zitronenverpackung oder ein Modekatalog, die mit dem Bernhardinerhund werben. Viel glaubhafter setzte Suchard seine Werbestrategie um. Statt des Fässchens präsentiert der von der Firma seit Beginn des 20. Jahrhunderts eingesetzte Reklamehund an seinem Halsband die rettende Schokolade. Das Glück des Genusses vom Bernhardiner überbracht – erfolgreich konnte dieses Image in die Welt hinausgetragen werden, wie aus den Lieferbüchern und Erfolgsbilanzen der Firma hervorgeht. Und so finden sich neben Altbekanntem viele überraschende Erkenntnisse. Dass sich das Museum grosser Beliebtheit erfreut, zeigen die durchschnittlich 5000 Besucher pro Monat. Gefragt ist auch das reichhaltige Buffet, das jeden Sonntag im Museumsrestaurant aufgetischt wird.

Missverständnisse

«Zuchtstätte, Hospiz und Bernhardinermuseum werden häufig in einen Topf geworfen, sind jedoch drei eigenständige Organisationen», betont Anja Ebener, Kommunikationsverantwortliche der Barry-Stiftung. So sind die legendären Hospizhunde ausschliesslich im Besitz der eigens dafür gegründeten Fondation Barry. Auch andere Missverständnisse möchte die Stiftung gerne aus der Welt schaffen. Seit der Bernhardiner nicht mehr als Arbeitstier eingesetzt wird, ist in der Züchtung einiges schiefgelaufen, wurde den Wünschen der Kunden ohne Rücksicht auf die Gesundheit des Hundes nachgegangen. Übergrosse Körper und Köpfe wurden beispielsweise gezüchtet, die der Hund gar nicht mehr tragen kann. «Bei einer Ausstellung konnte ein Bernhardiner nicht einmal mehr Treppen steigen», entsetzt sich Ruedi Thomann. «Zum Glück züchtet die Barry-Stiftung gesunde und sportliche Hunde.» Auch einige Legenden sind sehr fragwürdig, wie die Rettung eines Kindes, das Barry auf seinem Rücken zum Hospiz getragen haben soll. Die Erzählung, von namhaften Autoren wie Scheitlin, Tschudi und Brehm unterschiedlich ausgeschmückt,

ging damals um die Welt und hat den Mythos des Bernhardiners geschürt. Die zunächst erzieherische Absicht, den Glauben an das Göttliche und Gute zu fördern, ging in eine kommerzielle über.

Rührende und ungewöhnliche Geschichten lassen sich gut verkaufen, werden von dem einen oder anderen Marketing aufgegriffen und so gut verbreitet, bis sich die Wahrheit nicht mehr von der Dichtung unterscheiden lässt. Auch das berühmte Fässchen um den Hals der Bernhardiner ist nichts weiter als eine Erfindung. Und das kam so …

Das berühmte Schnapsfässchen

Bei seiner Recherche zu einer Ausstellung über die Alpenüberquerung Napoleons stiess Kunsthistoriker Frédéric Künzi auf einen interessanten Brief. Der Brief wurde am 26. Mai 1800 vom Hospiz abgeschickt und erklärt den Ursprung einer zähen Legende. Ein Soldat Napoleons schrieb damals an seine Mutter: «Wir staunten darüber, dass es in diesem Kloster sehr grosse Hunde gibt, die Reisende aufspüren, die im Schnee verloren gingen. Sie richten sie auf, bieten ihnen Branntwein dar, den sie um den Hals gebunden mitführen, und führen sie ins Haus.» Als im Frühling des Jahres 1800 Napoleons Heer mit 46 000 Soldaten hier durchzog und täglich an die 6000 Soldaten völlig erschöpft den Pass erreichten, hatten die Chorherren alle Hände voll zu tun. Besser gesagt, sie waren gänzlich überfordert. Die Idee, sich von den Hunden beim Tragen der notwendigsten Versorgung für die Bedürftigen helfen zu lassen, war naheliegend. Im Jahre 1820 tauchte ein Gemälde auf, in dem der englische Tiermaler Edwin Landseer erstmals einen Bernhardiner mit Schnapsfässchen darstellt. Die von Mund zu Mund weitergereichten Erzählungen der Soldaten hatten sich verselbstständigt. Vielleicht liess auch der Künstler selbst seine Fantasie walten. Wie dem auch sei, seither tauchten immer wieder solche Darstellungen auf. Das Fässchen wurde zum Modetrend, zum unverzichtbaren Accessoire für Fotos, Postkarten, Plüschtiere. Heute ist das Zubehör kaum mehr wegzudenken, es geht sogar so weit, dass es Menschen geben soll, die einen Bernhardiner ohne Fässchen gar nicht als solchen erkennen.

Auch die Filmindustrie hat das marketingstarke Klischee dankbar aufgegriffen, sei es in der Filmschnulze *Barry – der Held von St. Bernhard* oder im Film *Swiss Miss* mit dem berühmten Duo Dick & Doof … Erst als Stan Laurel ein Schneegestöber inszeniert, lässt sich der Bernhardiner sein Fässchen abnehmen und wenig später ist Doof breit wie ein Hornochse.

Dass es sich bei dem Fässchen um ein reines Schmuckstück handelt, zeigen auch die überlieferten Stücke, an denen nie eine Öffnung gefunden wurde. Im Übrigen wären solche Fässchen bei einem Rettungseinsatz im tiefen Schnee für die Hunde auch völlig hinderlich gewesen.

Sozialisierung

Mit zehn Wochen werden die Welpen verkauft. Auch dem O-Wurf stand das bevor. Orya darf bleiben. Sie ist ein bisschen traurig, weil sie sich von ihren sechs Geschwistern trennen muss. Aber schon

Während das Fässchen reine Zierde ist, beinhalten die Gepäcktaschen ein Notfallset.

Die Stupsnase gehört zum Standard der Bernhardinerrasse.

Grosses Geschick beweisen die Hunde im Hindernisparcours.

in den nächsten Tagen ist das vergessen. Genug Ablenkung ist da. Sie kann die «Grossen» ärgern, hat die Aufmerksamkeit der Besucher für sich, und neu ist jetzt auch die Welpenspielstunde, zu der sie Cécile jeden Samstag begleitet. Zwischen der 10. und 16. Woche werden solche Treffen mit «Hundekindern» durchgeführt, um die Welpen schon früh an fremde Hunde und Situationen zu gewöhnen. Auch werden die verschiedenen Hundebesitzer, die sich zur Welpenspielstunde einfinden, über Erziehungsmethoden aufgeklärt. Gerade in den ersten Monaten kann da viel falsch gemacht werden, ist ein konsequentes Verhalten zum Schützling wichtig, um sich einen echten Partner anstatt eine Nervensäge zu schaffen. Die Barry-

Hundeteenie Orya möchte spazieren gehen.

Stiftung beginnt mit der Sozialisierung der Welpen bereits in den ersten Wochen.

«Mit der Abgabe der Welpen hört unsere Verantwortung keineswegs auf», erklärt Ruedi Thomann. «Die Hundekäufer werden sorgfältig ausgewählt und auf Eignung

Willkommene Abwechslung am Donnerstagsmarkt in Martigny.

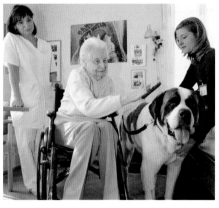

Salsa im Einsatz als Therapiehund.

geprüft. Es ist uns wichtig, dass wir mit unseren Kunden im Austausch bleiben, erfahren, wenn der Hund krank ist oder sonst ein Problem auftaucht. Nicht nur wegen der Statistik, sondern vor allem auch um Ratschläge und Hilfe zu geben und aus anderen Erfahrungen zu lernen.»

Therapiehunde

Seit November 2007 sorgt Salsa im Alters- und Pflegeheim «Les Tourelles» in Martigny für Abwechslung. Mit Salsa hat die Stiftung einen ihrer Bernhardiner erstmals zum Therapiehund ausbilden lassen, und erste Erfolge sind bereits sichtbar. Die anschmiegsame Hündin vermag den Patienten wieder ein Leuchten in die Augen zu zaubern und den Lebenswunsch in ihnen zu wecken. Auch Cécile, die mit Salsa die Therapieausbildung der Organisation Pattes Tendues (zu deutsch «Die dargebotenen Pfoten») absolviert hat, freut sich auf diese Besuche. «Es ist schön zu sehen, wie neue Kraft in die Menschen fliesst. Bernhardiner sind für diese Aufgabe prädestiniert. Ihr gutmütiger Charakter, ihre unverschlagene Direktheit, ihr zugängliches Wesen üben auf alle Menschen grosse Wirkung aus. Vor allem auch Kinder spüren das sofort. Ich brauche nur mit einem unserer Bernhardiner einen Spaziergang zu unternehmen, und schon habe ich einen Schwarm Kinder am Hund hängen.» Warum das so ist, hat Professor Reinhold Bergler vom

Psychologischen Institut der Universität Bonn erforscht. Der Hund ist ausgeglichen und hört bei allem zu. Anstatt mit dem erhobenen Zeigefinger wedelt er mit dem Schwanz. Für Gefühlsregungen bringt er Verständnis auf. Trotz seiner mächtigen Gestalt ist der Bernhardiner hoch sensibel. Und gerade wegen seiner imposanten Grösse vermittelt er Geborgenheit.

So leicht es klingt, mit dem Hund einfach ein Altersheim oder Krankenhaus zu besuchen, hinter der Ausbildung zum Therapiehund steckt harte Arbeit. Auch unter den gutmütigen Bernhardinern eignet sich nicht jeder dafür. Bestimmte Eigenschaften müssen vorhanden sein: Der Hund soll auf die Leute zugehen, aber eben nicht zu stürmisch, er muss geduldig und behutsam sein. Dabei sind besonders auch fremde Gerüche und Geräusche, glatte Böden und Treppen für die Tiere sehr gewöhnungsbedürftig. In Zukunft möchte die Fondation Barry noch weitere Therapiehunde ausbilden.

Die Crème de la Crème

«Mehrmals im Jahr nehmen wir an verschiedenen Hundeausstellungen und Prämierungen teil», so Ruth Thomann. «Der sportliche Hundetyp der Hospizzucht kommt bei den Richtern sehr gut an. Dies belegen die vielen nationalen und internationalen Ausstellungserfolge. Ausstellungen sind für uns aber nicht nur wegen des Prestiges wichtig, sondern auch um uns mit anderen Hundezüchtern auszutauschen. Zusätzlich zu den Ausstellungen nimmt die Fondation Barry regelmässig an Veranstaltungen teil oder organisiert solche sogar selbst. Dabei erhalten die Besucher die Möglichkeit, die beliebten Hunde und die Stiftung kennenzulernen. Auf unserer Internetseite und in unserem vierteljährlich herausgegebenen Newsletter kündigen wir solche Veranstaltungen an, zu denen jeder herzlich eingeladen ist. Es ist ganz spannend, sich einmal die Tage der Offenen Tür in der Zuchtstätte Martigny, die BEA in Bern oder den Zughundewettbewerb, der alljährlich im Oktober stattfindet, anzusehen.»

Jahrelang ist Tasso das Flaggschiff der Sankt-Bernhards-Zucht gewesen, ein stolzer Rüde mit

Bernhardinerhunde faul und bequem? Dem Gerücht muss die Zuchtstätte widersprechen.

perfekten Proportionen und vorbildlichem Charakter. Bei sämtlichen Prämierungen hat er Preise eingeheimst. Der nationale und internationale Schönheitschampion durfte seine Gene an fünfzig Nachkommen weitergeben.
Im Dezember 2007 starb er im Rentenalter von zehneinhalb Jahren. Momentan kann ihm noch keiner der Rüden das Wasser reichen. Dem 2005 geborenen Barry wäre eigentlich diese Funktion zugedacht gewesen. Doch trotz der guten Ansätze scheint Barry vom Pech verfolgt. Auf-

grund einer Entzündung an seiner Rute musste diese kupiert werden. Auch ein Hüftproblem stellte sich ein, weshalb er nicht für die Zucht verwendet wird. Etwa ein Viertel des Hundebestandes der Zuchtstätte sind Langhaar-Bernhardiner, darunter ist Helios, ein prächtiger Zuchtrüde.
«Unsere Hündinnen lassen wir meist auswärts decken, um Inzucht vorzubeugen», erklärt Ruth Thomann. Als Rassespezialistin ist sie dafür zuständig, ein geeignetes Edeltier zu finden.

Justins Spürnase findet den Verschütteten sofort.

In einem abwechslungsreichen Trainingsprogramm werden die Hunde geschult.

Zukunftsperspektiven

Justin soll die Tradition der Rettungshunde wachhalten und absolviert eine Ausbildung zum Lawinenhund. Er wird damit beweisen, dass Bernhardiner immer noch ein ausgesprochen gutes Gespür haben. Im Krisenfall wird er aber dennoch nicht eingesetzt werden – Bernhardiner sind für die moderne Lawinenrettung ganz einfach zu schwer.

Die Therapiehunde-Einsätze werden weiter ausgebaut. Auf diese Weise will die Stiftung möglichst vielen Bewohnern von Altersheimen eine Freude bereiten. Ebenfalls verstärkt werden die Einsätze als Sozial- und Streichelhunde. Besonderen Wert legt die Barry-Stiftung auf eine tiergerechte Haltung, Beschäftigung und Zucht. Die Stiftung trägt das Qualitätssiegel CERTODOG. Damit werden qualitativ hochstehende Zuchtstätten ausgezeichnet, die das Wohl der Hunde in den Vordergrund stellen. Mitunter scheint es, als ob der Schweizer Nationalhund im Ausland fast

Helios und Verlie im Einsatz als Zughunde.

bekannter ist. So wollten Spieler eines Handballclubs aus Kasachstan während ihres Aufenthaltes im Wallis auf die Frage, was sie am liebsten besichtigen würden, als Erstes die Bernhardinerhunde sehen.

Aktivitäten

Der Schwerpunkt der Barry-Stiftung liegt im Einsatz von Sozial- und Streichelhunden. Zahlreiche Aktivitäten beschäftigen die Hunde übers Jahr. Ihre frühere Funktion als Zughunde wird wiederbelebt und sorgt für viel Spass, ob an verschiedenen Aktionstagen oder auf Märkten, wenn die Hunde einen Leiterwagen ziehen. Gerne lassen sich darin Kinder herumkutschieren. Auch den kräftigen Hunden macht das Freude. Alljährlich nimmt die Fondation Barry am Schweizerischen Zughundewettbewerb in Bigenthal teil. Beim Hindernisparcours und Postenlauf müssen dort die Hunde und ihr Führer Geschicklichkeit beweisen.

Des Weiteren schult die Fondation Barry ihre Tiere im Taschentragen, wie das schon zu historischen Zeiten üblich war. So transportieren die Bernhardiner heute bei den angebotenen Wanderungen in den eigens für sie angefertigten Hunderucksäcken ein Erste-Hilfe-Set oder etwas Proviant.

«Wir arbeiten laufend an der Weitererziehung unserer Hunde. Durch die ständige Beschäftigung und eine konsequente Erziehung sind sie sehr pflegeleicht», erklärt Zuchtstättenleiter Manuel Gaillard. Seit kurzem wird mit Mobility-Hindernissen gearbeitet. Die Hindernisse sind im Freilaufgehege der Zuchtstätte Martigny wie auch im Bernhardinermuseum der Fondation de Watteville und auf dem Grossen-Sankt-Bernhard-Pass platziert. Die Übungen basieren auf Geduld, Verweilen und Geschick. Mobility fördert die Gehorsamkeit, Ausgeglichenheit, Trittsicherheit und Balance der Hunde. Auf sportliche Höchstleistungen wird bewusst verzichtet. Die für den Hund teilweise ungewohnten Bewegungen helfen auch, Haltungsschäden vorzubeugen. Mobility bereitet den Hunden viel Spass, da sie dabei ihrem natürlichen Spieltrieb nachgehen können.

Auch für innovative Behandlungsmethoden, die zum besseren Hund-Mensch-Verständnis beitragen, ist die Stiftung aufgeschlossen. Beispielsweise wurde die Spezialistin Lisa Leicht eingeladen, in einem Workshop ihr Wissen über Tellington TTouch an die Barry-Tierpfleger weiterzugeben. Die in den siebziger Jahren von der Kanadierin Linda Tellington-Jones entwickelte TTouch-Methode hilft dem Hund, mit Stresssituationen besser fertigzuwerden, fördert Selbstheilung und Lernfähigkeit.

Der beste Freund des Menschen

Artgerechtes Verhalten ist wichtig. Nur zu leicht wird menschliches Denken auf den Hund projiziert, nur zu gern der Blick aus treuen Hundeaugen als Verstehen interpretiert. Doch die Hundewelt hat ihre eigenen Gesetze, und wenn man diese studiert und das Wissen richtig einzusetzen weiss, wird aus dem Hund der beste Freund des Menschen. Davon überzeugen kann man sich

Mit Helios und Jella hat David schnell Freunde gewonnen. So macht Wandern Spass.

Die Hunde lieben es, gestreichelt zu werden, so wie hier Helios und Jill.

bei einem Besuch der Zuchtstätte. Von Martigny folgt man einfach den braunen Wegweisern «Chenil de l'hospice du Gd-St-Bernard» und biegt von der Strasse Richtung Fully in die Obstbaumplantagen ab, die im Frühling so überschwenglich blühen, während die umliegenden Berge noch ihr Schneekleid tragen. Tritt man in den Flachbau zu den Zwingern ein, wird einen vielleicht das sonore Gebell der Bernhardiner einschüchtern, doch sie wollen einfach nur alle der Reihe nach begrüsst werden. Haben sie die Witterung aufgenommen, die Hand abgeschleckt, sind sie zufrieden und wedeln nur noch mit ihrer kräftigen Rute. In den Sommermonaten Juni bis September haben die Besucher die Möglichkeit, den Hospizzwinger zu besuchen (der Standort in Martigny bleibt in dieser Zeit für die Öffentlichkeit geschlossen). Besucher bedeuten fast immer auch, dass eine Wanderung gemacht wird. Diese finden in der Sommer- und Wintersaison mehrmals pro Woche statt.

David freut sich schon mit seinen Eltern, diese liebenswerten Riesenhunde ausführen zu dürfen. Aus Basel sind sie extra dazu angereist. Stolz hält David Helios an der Leine, der dem Jungen fast bis zur Schulter reicht. Mit zwei weiteren Bernhardinern im Konvoi führt der Tierpfleger die Wandergruppe auf aussichtsreichen Wegen durch die Weinberge von Fully. Ist David zu warm, kann er seine Jacke einfach in die Packtaschen von Helios stecken. So einen Hund hätte er auch gerne, doch das geht eben in einer Basler Stadtwohnung nicht. Schade, dass unten im Rhonetal kein Schnee mehr liegt, sonst könnte er sich mit dem Schlitten ziehen lassen.

Die Passlandschaft am Grossen Sankt Bernhard ist voller Seen.

Im Sommer finden die Wanderungen in der einzigartigen Hochgebirgslandschaft um den Grossen-Sankt-Bernhard-Pass statt. Meist herrscht dann eine grössere Nachfrage, sodass eine frühzeitige Buchung ratsam ist.

Wo kann ich die Bernhardinerhunde besuchen?
Das ganze Jahr hindurch sind wir mit unseren Bernhardinern im «Musée et Chiens du Saint-Bernard» in der Route du Levant 34 in Martigny präsent. Öffnungszeiten: täglich von 10 bis 18 Uhr, Telefon +41 (0)27 720 49 20, www.museesaintbernard.ch

In der Sommersaison (Juni bis September) können Sie unsere Hunde auf dem Pass des Grossen Sankt Bernhard besuchen. Sie finden uns dort wie folgt: Juni und September: täglich von 9 bis 12 Uhr und von 13 bis 18 Uhr; Juli und August: täglich durchgehend von 9 bis 19 Uhr.

Sehr gerne zeigen wir Ihnen unsere Zuchtstätte in Martigny (Grandes Maresches). Für Besucher ist sie von Oktober bis Mai geöffnet: Mittwoch, Samstag und Sonntag 14 bis 16.30 Uhr.

Wandern mit Bernhardinern

Winter

Wenn die Tage wieder länger werden, laden wir Sie herzlich ein, an einer Winterwanderung teilzunehmen. Jede Wandergruppe besteht aus maximal 6 Teilnehmern, einem Hundeführer und natürlich Bernhardinern. Die Wanderung dauert 1½ Stunden. Durchführung bei jeder Witterung. Wenn genügend Schnee liegt, können die Hunde für Kinder einen Schlitten ziehen.

Wann: von Mitte Januar bis Ende April mehrmals wöchentlich

Aktueller Preis auf Anfrage, Kinder und Jugendliche bis 16 Jahre gratis

Anmeldung:

Telefon +41 (0)27 722 65 42 oder per E-Mail mit Angabe der Anzahl der Teilnehmer und eines Wunschdatums (inklusive eines Ersatzdatums, falls der gewünschte Termin bereits ausgebucht ist) an: st-bernard@fondation-barry.ch. Sie erhalten dann eine Anmeldebestätigung.

Sommer

Vom Juli bis Mitte September bietet die Fondation Barry Besuchern auf dem Grossen-Sankt-Bernhard-Pass täglich die Möglichkeit, die Hospizhunde auf einer 1½-stündigen Wanderung zu begleiten.

Startzeit: 10 Uhr sportliche Wanderung, 14 Uhr einfache Wanderung

Aktueller Preis auf Anfrage. Der Besuch des Hospizmuseums ist im Preis inbegriffen.

Kurzentschlossene können sich im Tourismusbüro des Pays du St-Bernard auf dem Sankt-Bernhard-Pass nach der Verfügbarkeit informieren.

Bei guter Schneelage ziehen die Hunde gerne einen Schlitten ...

... oder sie führen Besucher durch die Weinberge von Fully.

Anfahrt zur Zuchtstätte Martigny

Autobahnausfahrt Martigny/Fully, Richtung Fully fahren, dann den Wegweisern «Chenil de l'hospice du Gd-St-Bernard» bis zur Zuchtstätte folgen. Parkplätze sind vorhanden.

Mit öffentlichen Verkehrsmitteln: vom Bahnhof Martigny der Rue de Bonnes-Luites immer geradeaus bis zur Zuchtstätte folgen. Ca. 20 Minuten Fussweg. Die Rue de Bonnes-Luites liegt auf der nördlichen Seite der Bahngleise, weg vom Stadtzentrum.

Hospiz-Bernhardiner-Patenschaft
Genaue Informationen zu den Hunde- und Ausbildungspatenschaften finden Sie auf unserer Internetseite: www.fondation-barry.ch.

Kontaktdaten
Fondation Barry du Grand-St-Bernard
Grandes Maresches 2
CH-1920 Martigny
Telefon +41 (0)27 722 65 42, Fax +41 (0)27 723 56 68
st-bernard@fondation-barry.ch, www.fondation-barry.ch
Postkonto 17-153692-2

Jella, geboren am 13.11.06: neugierig,
kontaktfreudig, liebevoll.

Das Pays du Saint-Bernard

Land, in dem der Hund als Symbol Pate steht

Das Gebiet zwischen Rhone, Grand-Combin- und Montblanc-Massiv ist voller Kontraste: vom mediterranen Wandern durch die Weinberge am Rhoneknick bis hinauf zu Panoramawegen mit Gletscherblick. Es bietet spektakuläre Schluchten, durch die ungebremste Wasserkraft tost, Heilquellen, Suonenwege, geschichtsträchtige Pässe und Gebirgsseen, in denen sich eine imposante Kulisse spiegelt. Seit die montes horribiles, die schrecklichen Berge, der Begeisterung für die Natur gewichen sind, sind viele berühmte Reisende – von Tschudi bis Goethe, von Saussure bis Rousseau – hierher gekommen. Ihr Loblied auf die Alpen kann auch heute noch nachempfunden werden, wenn man die richtigen Plätze und Nischen kennt. Wir geben Ihnen gerne ein paar Tipps. Vielleicht werden Sie unterwegs ja unsere Hunde treffen…

Im prächtigen Garten der Fondation Gianadda sind Skulpturen weltberühmter Künstler, wie Rodin, Moore, Niki de Saint Phalle, ausgestellt.

Wer vom Genfersee kommend die Rhone aufwärts fährt, dem bietet sich ein prächtiger Blick auf die Gletscherhaube des Grand Combin, die über dem waldigen Rücken des Mont Chemin in den Himmel glitzert. Daneben lenkt die wuchtige Pyramide des Catogne den Blick auf sich. Fujijama des Wallis wird er gerne genannt, weil er so stark an einen Vulkan erinnert. Der Eindruck wird noch verstärkt, wenn man ihn besteigt, denn unter seinem Gipfel wirkt die Combe de la Vreia wie ein Krater. Noch ahnt man nur die Schönheit der Land-

schaft, befindet man sich doch auf der viel befahrenen Autobahn nach Martigny. Das ändert sich auch nicht bei der Einfahrt in die ausufernde Stadt am Rhone-knick. Den Charme von Martigny entdeckt man erst auf den zweiten Blick.

Zunächst sieht man nur Industrie-gebäude und Wohnkästen. Doch wer in den alten Kern eindringt, den empfängt südländisches Flair. Bei milden Temperaturen lässt sich's herrlich um die Barock-kirche Notre-Dame-des-Champs flanieren, wie auch unter den

Gleich neben dem «Musée et Chiens du Saint-Bernard» befindet sich das römische Amphitheater.

Über den Dächern von Martigny wacht die ehemals bischöfliche Burg La Bâtiaz aus dem 13. Jahrhundert.

Platanen der Place Centrale, wo sich ein Restaurant ans andere reiht. Gleich um die Ecke, zu Füssen der nachts hübsch beleuchteten Burg von La Batiaz, befindet sich das ehrwürdige ehemalige Gasthaus Grand Maison, in dem von Napoleon bis Goethe viele nächtigten, die Rang und Namen hatten. Wer der «Promenade archéologique» folgt, wird unweigerlich auch auf die Fondation Gianadda stossen. Der Kulturtempel hat sich einen internationalen Rang erarbeitet und wird nicht selten in einem Atemzug mit New Yorks berühmtem Metropolitan Museum of Art genannt. Einen Katzensprung entfernt lädt das «Musée et Chiens du Saint-Bernard» zur Entdeckung ein. Die Hunde der Fondation Barry, das freundliche Gartenrestaurant, gleich daneben das römische Amphitheater verführen zu längerem Verweilen.

Musée et Chiens du Saint-Bernard (siehe Seite 48)
Fondation Gianadda, geöffnet Juni bis November täglich 9 bis 19 Uhr, November bis Juni 10 bis 18 Uhr, Telefon +41 (0)27 722 39 78, www.gianadda.ch

Die Thermalquelle von Saillon entspringt im Wald an der «Caverne des Géants».

Das Thermalbad von Lavey-les-Bains.

Wellness rund um Martigny

Schon die Römer wussten sich zu entspannen, ob im Amphitheater oder in Thermalbädern. Nur einen Katzensprung von Martigny entfernt befinden sich gleich drei Wellnessoasen: Lavey-les-Bains, Saillon-les-Bains und Ovronnaz. Besonders empfehlenswert ist Lavey-les-Bains gleich vis-à-vis von St-Maurice. Dort, wo sich das Rhonetal besonders dramatisch verengt, lässt sich's unter steilen Felsflanken herrlich baden. Rund um die Aussenbecken ist eine prächtige Parklandschaft mit Sequoia- und Pinienbäumen angelegt. Ein Angler, der seine Reusen am Ufer der Rhone kontrollierte, hatte die Quelle, die heisseste der Schweiz, im Februar 1831 zufällig entdeckt. Heute ist die historische Anlage modern, doch sehr geschmackvoll ausgebaut, und für Abwechslung ist gesorgt: Unterwassermusik entführt in andere Sphären, mit der Gegenstromanlage kämpft nur derjenige, der sie wörtlich nimmt; Hamam, Sauna, Farbraum, Ruheraum mit knisterndem Kaminfeuer – da bleiben keine Wünsche offen. Danach fühlt man sich wie ein neuer Mensch, noch die sprödeste Haut ist plötzlich weich und geschmeidig, die Falten sind weniger ausgeprägt.

Das Thermalbad von Saillon-les-Bains liegt nur elf Kilometer rhoneaufwärts von Martigny entfernt. Das warme Mikroklima lässt im weiten Talboden neben Apfel- und Aprikosenhainen

Auch die Hunde geniessen das Element Wasser.

auch Mandel-, Oliven- und Feigenbäume gedeihen. Weinreben klettern die Hänge hinauf zu den Gebirgsriesen. Die Thermalquelle, die sowohl das Bad von Saillon wie auch das höher gelegene Bad von Ovronnaz speist, entspringt der Salentseschlucht. Die dortige Grotte ist immer noch ein Geheimtipp, obwohl sie schon Gustave Courbet auf seinem berühmten Gemälde «Caverne des Géants» verewigt hat. Der berühmte Maler war 1873 in die Schweiz abgetaucht, um sich einer Schadensersatzforderung zu entziehen, denn in

Paris beschuldigte man ihn der Zerstörung der berühmten Vendôme-Säule. In Saillon verbrachte er den ganzen Sommer, wie die Tagebuchnotiz eines Botanikers sein spurloses Verschwinden aus Paris bezeugt. Der Weg zur «Caverne des Géants» ist nicht ausgeschildert, doch wer ihn findet, wird sich eine köstlich warme Thermaldusche in freier Wildnis gönnen dürfen, und das noch dazu gratis. Er wird auch das Schild entdecken: «In dieser Schlucht ist Farinet auf mysteriöse Weise am 17. April 1880 umgekommen.» Der berühmteste Geldfälscher der Schweizer Geschichte ist am Grossen Sankt Bernhard geboren und galt, das Geld an die Armen verteilend, als Robin Hood der Alpen. Ihm ist in Saillon der kleinste Rebberg der Schweiz gewidmet. Auf Farinets Rebberg wachsen drei Rebsorten, die von hohen Persönlichkeiten betreut werden, zurzeit befindet er sich im Besitz des Dalai-Lamas. Eine hübsche Rundwanderung folgt Farinets Spuren. Nach einer Stunde passiert man dabei eine abenteuerliche Hängebrücke, die sich schwankend über die Salentseschlucht spannt. Entspannen kann man dann im mittelalterlichen Garten rund um die Kirche, wo alte Heilpflanzen ihren Duft verströmen, oder am Bayartturm.

Goethe hat diesen Ausblick geliebt. «Das ganze Wallis breitet sich vor unseren Augen aus … beglückt uns mit einer Landschaft, die es wert wäre, gemalt zu werden», notiert er während seiner zweiten Reise durch die Schweiz 1779. Jedes Jahr Anfang Juli treffen sich tatsächlich unzählige Künstler und verwandeln den mittelalterlichen Dorfkern in ein «Montmartre an der Rhone».

Ein kühler Trunk an der Place Centrale in Martigny.

Thermalbäder: Les Bains de Lavey, Telefon +41 (0)24 486 15 15, www.lavey-les-bains.ch, geöffnet täglich von 8 bis 21 Uhr, Freitag/Samstag bis 22 Uhr. Saillons-les-Bains, Telefon +41 (0)27 743 11 70, www.bainsdesaillon.ch, geöffnet täglich von 8 bis 21 Uhr.

Wandertipps: Chemin du vignoble zwischen Martigny und Leuk, mit Nr. 36 ausgeschildert. Lohnender Teilabschnitt von Branson nach Saillon: 3 Std., www.weinweg.ch. Saillon-Rundweg mit Farinets Hängebrücke: 2 Std.

Unterkunftstipp: Chambres d'hôtes «L'Erable rouge» in Branson, Telefon +41 (0)27 746 16 08, eine Oase der Ruhe von Reben umgeben, nur 4 km von Martigny bzw. 3 km von der Zuchtstätte entfernt.

Aussichtsbalkon
Mont Chemin

Der Bergrücken, der sich zwischen Martigny und das Val d'Entremont schiebt, ist nicht nur ein Paradies für Strahler, die hier schon über fünfzig verschiedene, darunter sehr seltene Mineralien gefunden haben.

Mehrmals im Jahr finden rund um Martigny Kuhkämpfe statt.

Von der Aussichtsterrasse des Restaurants Le Belvédère zeigt sich tief unten Martigny im Lichtermeer des Abends von seiner schönsten Seite. Eine Etage höher kann man im Hotel Beau-Site ruhig und idyllisch übernachten. Die Strasse windet sich zum Col des Planches durch einen der schönsten Lärchenwälder der Region. Die Wiesen unter den bis zweihundert Jahre alten Bäumen werden im Frühjahr von Ästen und Laub befreit, eine mühsame Handarbeit, die sich jedoch lohnt. Nur durch die Kultivierung bleibt die Vielfalt erhalten. Besonders im Mai begeistern unzählige Orchideen. Wenn das Gras hoch genug steht, werden die Eringer heraufgetrieben. Die schwarzen Kampfkühe schätzen nicht nur die kräuterreichen Matten, sondern auch die angenehme Kühle der Schatten spendenden Bäume.

Ihre natürliche Veranlagung zum Kampf um die Rangordnung haben die Walliser zum Festakt umgestaltet. Alljährlich treten die Eringer im Ring zum heissen Duell gegeneinander an, ein Ereignis, das man sich nicht entgehen lassen sollte. Die Termine werden in den lokalen Medien und auf den Internetseiten der Fremdenverkehrsämter bekanntgegeben. Für einen Bauern ist es die grösste Ehre, eine Kuhkönigin heimzuführen. Das römische Amphitheater, wo der Kuhkampf jeweils im Oktober stattfindet, gibt einen wunderschönen Rahmen für das Ereignis ab.

Der Col des Planches ist Ausgangspunkt für den Sentier des Mines, einen interessanten leichten Rundlehrpfad, den sich

Der Hubacher Stollen am Sentier des Mines.

Im Frühling sind die Wiesen am Mont Chemin voller Orchideen.

1989 drei Einheimische ausgedacht haben. Die drei arbeiteten dabei Hand in Hand. Pascal Tissières, einer der letzten Besitzer einer Goldmine im Wallis, hatte schon als Bub ein Faible für den Untergrund und stromerte um die Minen am Mont Chemin. Zwischen Mitte des 19. und 20. Jahrhunderts wurde dort Blei, Eisen, Silber, Marmor, Quarz und Fluorid abgebaut, bis es unrentabel wurde, die Stollen in Vergessenheit gerieten und die Wege zuwuchsen. Später als Geologe stiess er dann durch Zufall auf eine alte Karte der Erzgruben. Willy Fellay, damals im Bauamt von Martigny tätig, organisierte den Zivilschutz, um die Wege ausputzen zu lassen, und Forstingenieur Olivier Guex lieferte das Wissen über Wald und Tiere, das nun auf Schautafeln dem Besucher zur Verfügung steht. Einen ersten Eindruck vermittelt übrigens die Fondation Tissières, die sich im Gebäude des Tourismusbüros in Martigny befindet. Ein Schaustollen mit mehrsprachigen Erklärungen wie auch eine sehenswerte Mineralienausstellung können dort kostenlos besichtigt werden.

«On apprend plus dans les bois que dans les livres. Les arbres et les rochers vous enseigneront des choses que vous ne sauriez entendre ailleurs.»
Saint Bernard de Clairvaux

Der Mont Chemin hat noch mehr Überraschungen zu bieten. Auf breitem Wege lässt sich ganz bequem vom Col des Planches der Col du Tronc erreichen (40 Min.). Man schwenkt dann in den Pfad zur Crevasse (40 Min.), der zwar etwas steiler ist, dafür aber, tritt man aus dem Lärchenhain, ein regelrechtes Landschaftsdrama zu bieten hat! Senkrecht, ja fast überhängend stürzen die Flanken des Aussichtspunktes ins Bodenlose. Nahezu tausend Meter tiefer windet sich das Val d'Entremont zum Grossen Sankt Bernhard. Am Horizont blenden die vergletscherten Flanken von Mont Vélan und Grand Combin. Zurück am

Aussichtspunkt La Crevasse am Mont Chemin. Im Hintergrund Grand-Combin-Massiv und Mont Vélan.

Col du Tronc könnte man noch ewig weiterwandern. Der Chemin des Bisses, mit Nr. 58 ausgeschildert, folgt dem Bergrücken in 5 Etappen bis Vercorin.

Restaurant Le Belvédère, Chemin-Dessus, Telefon +41 (0)27 723 14 00, www.lebelvedere.ch.
Einmalige Panoramalage, gehobene Küche aus lokalen Produkten in holzgetäfelter Stube, was dem Guide Michelin einen Eintrag wert ist.
Hotel Beau-Site, Chemin-Dessus, Telefon +41 (0)27 722 81 64, www.chemin.ch. Haus von 1912 mit nostalgischem Charme und Eco-Label.

Nur eine halbe Fussstunde oberhalb des Sankt-Bernhard-Passes liegen verträumte Seelein ...

Die Entdeckung des Langsamverkehrs

Der Chemin des Bisses ist einer von vielen Weitwanderwegen, die jüngst neu ausgeschildert wurden und unter dem Motto von Schweiz Mobil stehen. Der Erfolg von Veloland Schweiz wurde zum Anlass genommen, weitere «Länder» auszubauen. Im April 2008 wurden am Murtensee festlich Kanuland, Skatingland, Mountainbikeland und Wanderland Schweiz ins Leben gerufen. Ein Vorbildprojekt im europäischen Vergleich. Eine optimale Verknüpfung des Wegenetzes mit öffentlichen Verkehrsmitteln und Angebote mit Gepäcktransport sollen zum Umsteigen vom Auto auf Muskelkraft animieren. Wenn sich das durchsetzt, werden Herr und Frau Schweizer gesünder und fitter sein, mit mehr Freude arbeiten und weniger im Stau stehen als ihre europäischen Kollegen. Die eigentliche Vorarbeit hat Valrando geleistet. Die 1943 gegründete Walliser Wandervereinigung revitalisierte, zum grossen Teil

... in denen die Hunde gerne baden.

ehrenamtlich, alte Wege, schuf Verknüpfungen, entwickelte attraktive Rundtouren wie die Tour des Combins, die Tour du Grand-St-Bernard oder die grenzübergreifende Alpentrekkingtour. Daraus entstanden neue Ideen, ihre Routen wurden in Projekte wie Via Storia (Kulturwege Schweiz) oder Schweiz Mobil (nachhaltige Freizeitmobilität) integriert. Drei der nun von SchweizMobil aufgenommenen Weitwanderwege ziehen durch das Pays du Saint-Bernard. Neben dem Chemin des Bisses auch der Alpenpässeweg, mit Nr. 6 ausgeschildert, und die Via Francigena, mit Nr. 70 ausgeschildert.

Links: www.schweizmobil.ch; www.wanderland.ch; www.valrando.ch, www.wandersite.ch; www.tourdescombins.ch; www.alptrekking.com

Spaziergang am Passsee unterhalb des Hospizes.

Pilgern

Willy Fellay, viele Jahre Präsident von Valrando, ist die Via Francigena besonders ans Herz gewachsen. Just zum Zeitpunkt der Entstehung dieses Buches hat er sich, sonst nur mit Wandergruppen unterwegs, ganz allein aufgemacht, um den schönsten Abschnitt des Pilgerwegs von Martigny nach Rom zu wandern. «Wandern ist eine Form von Meditation und lässt uns unser eigenes Ich wieder finden», sagt der rüstige 73-Jährige. «Der Alltagsstress, die Überflutung an Information, die rasende Beschleunigung, die Verzettelung in Kleinigkeiten entfernt uns von uns selbst. Wir werden vergesslich, ausgepowert, alt. Dabei spielt das tatsächliche Alter gar keine Rolle.» Dass sein Rezept funktio-

niert, zeigt seine junge Ausstrahlung.

Die Via Francigena hält sich an den Weg, den im Jahr 990 Sigerich in seinem Tagebuch festhielt. Der Erzbischof von Canterbury pilgerte damals nach Rom, um von Papst Johannes XV. die Investitur zu erhalten. Im Mittelalter, vor allem seit der Einführung des Heiligen Jahres ab dem 13. Jahrhundert, entwickelte sich der Weg zu einer der am meisten frequentierten Pilgerrouten. Heutzutage kann man sich dank der guten Erschliessung mit Verkehrsmitteln einen Abschnitt ganz nach eigenem Gusto zusammenstellen. So lässt sich der Weg von Martigny durch das Val d'Entremont zum Grossen Sankt Bernhard als Zwei-Tages-Tour gestalten oder von Bourg

St-Pierre zu einer vierstündigen Wanderung reduzieren.

Einer der schönsten Wege, sich dem Hospiz und den Hunden am Grossen Sankt Bernhard pilgernd zu nähern, ist die Route aus dem benachbarten Val Ferret, das nicht wie das Val d'Entremont unter dem Einfluss von Durchgangsverkehr steht. Im Juli und August kann die Route gar in spiritueller Gemeinschaft erwandert werden. Zur «Pèlerinage» an den ausgeschriebenen Wochenenden trifft man sich in Orsières, wird per Bus nach La Fouly, dem letzten Dorf im Val Ferret, befördert und in die traumhafte Gebirgswelt um die Lacs de Fenêtre entführt. Etwa fünf bis sechs Stunden ist man dann bis zum Hospiz unterwegs. Für den Rückweg zum Ausgangspunkt empfiehlt sich die Via Francigena mit Pilgerübernachtung bei Père Alphonse in Bourg St-Pierre. Aus solch einem Wochenende lässt sich viel Kraft schöpfen.

Das Trienttal – Auf den Spuren der touristischen Anfänge

Wer kennt ihn nicht? Thomas Cook, der englische Reiseveranstalter, gilt als der Begründer organisierter Gruppenreisen. Im Sommer 1863 startete er mit einer ersten Gruppe vom Genfersee über Chamonix nach Martigny. Die britischen Herrschaften waren begeistert von der grossartigen Landschaft, die sie auf abenteuerlichen Wegen, zum Teil per Kutsche und mit Mulis, zum Teil zu Fuss durchquerten. Das Trienttal entwickelte sich zur beliebten Sommerfrische, prunkvolle Hotelbauten entstanden. Die «Route des diligences», die Kutschenstrasse, die in unzähligen Kehren von Salvan den enormen Höhenunterschied ins Rhonetal überwindet, mit einem Einspänner zu befahren war ein echtes

Die «Gorges mystérieuses» im Trienttal zeigen sich besonders eindrücklich zur Schneeschmelze im Frühjahr.

Die Wanderung mit Gepäcktransport auf der Via Francigena kann über das Tourismusbüro in Orsières organisiert werden, Telefon +41 (0)27 783 32 48, www.viafrancigena.ch
Die Termine zur Pèlerinage finden sich unter www.gsbernard.ch

Über dem Lac de Salanfe türmt sich der wuchtige Felsriegel der Tour Sallière. Eine Übernachtung in der Auberge über dem See hält schöne Stimmungsbilder bereit.

Abenteuer, das sich in der Trient-Schlucht fortsetzte, die man auf Stegen begehen konnte. Aus dem Reisebericht von Emile Ziegelmeyer, einem jungen Elsässer, erfahren wir, dass der beeindruckende Gang durch die tosende Schlucht zu einem Händler führte, der Pistolenschüsse im Angebot hatte, damit man einen Eindruck von der Stärke des Echos bekommt: 1 Franc pro Schuss… aber mit Verhandlungsspielraum, falls man ein Dutzend Schüsse erstand. Mit dem Einzug des Autos und der besseren

Verkehrsverbindung über den Col de la Forclaz hat sich der Tourismus verlagert, und so lässt sich heute ganz beschaulich der historischen Route der «Cookites» folgen, die seit 2007 als Via Cook ausgeschrieben ist.

Ein Ort der Entspannung ist das Hotel Balance im Weiler Les Granges oberhalb von Salvan, nur 8 Kilometer von Martigny, doch Welten entfernt. Kreative makrobiotische Küche verwöhnt den Gaumen, der Blick von den Zimmern schweift über das Rhonetal

Steinböcke turnen gerne in den Felsen am Zustieg zum Lac de Salanfe.
Vom Wanderweg lassen sie sich leicht beobachten.

zu den schneebedeckten Bergen und im Garten stehen Bio-Pool und Liegestühle bereit. In einer Ecke duften über 60 Heilkräuter um die Wette, die in den Gerichten Verwendung finden. Vom Haus führt ein flacher Waldlehrweg in wenigen Minuten zur wildromantischen Gorges du Dailley.

Auch für die «Gorges mystérieuses» an der Tête Noire, ein Highlight damals auf der Cookschen Route, muss heute kein beschwerlicher Fussmarsch mehr unternommen werden. Gleich

an der Hauptstrasse von Trient nach Chamonix liegt der Parkplatz (mit Postautohaltestelle), von dem man nach nur 20 Minuten Gehzeit in der eindrücklichen Schlucht steht. Ein luftiger Steg führt in die Grotte aux Nymphes, in der sich die ganze Kraft des Wassers ballt.

Eine Variante der Cookschen Reisegesellschaft führte von Chamonix über den Col de Balme und den Col de la Forclaz nach Martigny. Staunen verursachte der Trient-Gletscher. Bis Ende des

Links: www.viacook.ch, www.kulturwege-schweiz.ch

Wandertipps: Passagen auf dem alten Kutschenweg, z. B. von der
Trientschlucht bei Vernayaz nach Salvan: 2 Std., oder von
Le Trétien nach Finhaut: 1 Std.
Von Les Granges zur Gorges du Dailley: ½ Std., Schluchtbegehung:
½ Std., oberhalb der Schlucht lädt die Auberge de Vallon du Van
zur Einkehr ein. Rückkehr über den Col de la Matze nach Les Granges:
40 Min. Von Van d'en Haut zum Lac de Salanfe lassen sich viele
Steinböcke beobachten: 1½ Std.
Gorges mystérieuses de Tête Noire: Rundweg 1 Std.
Vom Col de la Forclaz entlang der Bisse du Trient zum Chalet du Glacier
(50 Min.), Fenêtre d'Arpette (3 Std.), Champex (3 Std.). Reizvoller
Rückweg von Champex zum Col de la Forclaz auf der TMB (Tour du
Montblanc) über die Alp Bovine: 5 Std.
Vom Col de la Forclaz auf den Mont de l'Arpille mit hinreissendem
Montblancblick: 2¼ Std.

Badetipp: Das schönste Schwimmbad der Schweiz, zwischen natürlichen
Felsen eingefasst und sogar beheizt, befindet sich gleich am Zoo
von Marécottes, geöffnet Juni bis Mitte September von 9 bis 18.30 Uhr,
www.zoo-alpin.ch

Unterkunftstipps: Hotel La Balance, Les Granges, mit Sauna, Shiatsu,
ayurvedischer Reinigungsmassage u. a. Gratis-Abholdienst
vom Bahnhof Les Marécottes, Telefon +41 (0)27 761 15 22,
www.vegetarisches-hotel.ch; Auberge de Salanfe am Lac de Salanfe,
Telefon +41 (0)27 761 14 38, www.salanfe.ch

Der Frühling am Grossen-Sankt-Bernhard-Pass kommt spät, je nach Strenge des Winters Mitte bis Ende Juli.

19. Jahrhunderts wurden Tonnen von Eisblöcken bis nach Paris verfrachtet. Mit Trient-Eis gekühlte Getränke und «Sorbets à la glace du Trient» waren damals der Hit. Heute braucht man nur vom Col de la Forclaz dem bequemen Wanderweg entlang der Bisse du Trient zu folgen, um nach etwa einer Stunde die arktische Welt zerrissener Seracs vor Augen zu haben. Fast zwei Kilometer wälzt sich der Eisstrom von den Aiguilles Dorées zu Tale. Wer über mehr Kondition verfügt, sollte den Weg (ein Teilabschnitt der Tour du Montblanc) zum Fenêtre d'Arpette fortsetzen, ein eindrücklicher Gang hautnah entlang des Gletschers hinüber nach Champex.

Val Ferret –
Espace Mont-Blanc

Zwischen 1995 und 1996 ging es turbulent zu, als im Val Ferret die ersten Wölfe auftauchten, nachdem sie hundert Jahre zuvor ausgerottet worden waren. Sie rissen Schafe und wurden zum Abschuss freigegeben. Auch der später eingerichtete Lehrpfad auf den Spuren des Wolfes ist einem Murmeltier- und Eichhörnchen-Lehrpfad gewichen. Der Wolf ist hier nicht sehr beliebt; seinen entfernten Verwandten, den Bernhardinerhund, liess man hingegen gerne als Tourismuslabel stehen. Das Val Ferret, eines der drei Dransetäler, die sich bei Martigny vereinen, zählt seit 1990 zum Espace Mont-Blanc. Ein Zusammenschluss der Anrainergemeinden rund um den Montblanc mit dem Ziel, einen nachhaltigen Tourismus zu fördern und die Eigenverantwortung nicht an ausländische Investoren zu verlieren. Im Val Ferret scheint die Welt noch in Ordnung, kaum eine Bausünde stört das Auge, historisches Gut, wie die alte Mühle von Issert und die «Raccards du Blé», kann von den Gästen bewundert werden. Frédéric Künzi, der in Praz-de-Fort lebende Kunsthistoriker, hat darüber ein

Buch geschrieben. Seine Frau bietet Eseltrekking an, ein Spass nicht nur für Kinder. Der von der Familie des berühmten Bergsteigers Michel Darbellay (er durchstieg als erster Schweizer im Alleingang die Eigernordwand) geführte Campingplatz n La Fouly zählt zu den schönsten Campinglätzen der Schweiz. Kinderwagen- und Rollstuhltauglich ist der Spaziergang zum hübschen Weiler Ferret, um den eine eindrückliche Felsszenerie in den Himmel ragt. Für den Aufstieg in das Naturschutzgebiet der Combe de l'A, eine Schatzkammer an Geologie, alpiner Flora und Fauna, braucht es dann schon mehr Puste und einen sicheren Tritt. Doch unterwegs lässt es sich ganz angenehm bei Madame Fivaz in der Cabane de la Tsissette pausieren, allein schon, um ihre Spezialität, ein schmackhaftes Linsengericht, zu kosten. Abgerundet mit einem Gläschen süffigen Rebensaft und würzigem Bergkäse stimmt man dann sicherlich Goethe zu: Das Gebirge ist ein «Ort, wo die Freiheit wohnt».

Wir wollen gestreichelt werden.

Champex-Lac ist die Sommerfrische über dem Taleingang. Ein
hübscher See lädt zum Flanieren ein, wie auch der 1927 ange-
legte Alpengarten, der rund
4000 Pflanzen von den Alpen bis
zum Himalaya präsentiert. Eine
gemütliche Wanderung führt
entlang von plätschernden Wasser-
führen in das Hochtal von
Arpette. Üppig gedeihen dort die
Heidelbeeren, die im Relais
d'Arpettes als «Tartelettes aux
myrtilles» auf den Tisch kommen.

Relaxen am Lac de Champex.

Wandertipps: Von La Fouly in die Combe de l'A zur Tsissettehütte:
5 Std., und weiter nach Liddes: 2 Std.
Sentier des Marmottes: 1 Std.; Sentier des Écureils bei La Fouly: 1¾ Std.
Eseltrekking, Praz-de-Fort, Telefon +41 (0)27 783 17 32,
www.vagabondane.ch
Jardin alpin «Flore-Alpe» in Champex, Telefon +41 (0)27 783 12 17,
geöffnet Mai bis Mitte Oktober täglich 9 bis 18 Uhr

Unterkunftstipps: Hotel du Col de Fenêtre, Ferret,
Telefon +41 (0)27 783 11 88. Cabane de la Tsissette, Combe de l'A,
Telefon +41 (0)79 731 32 18 oder +41 (0)27 782 61 61.
Relais d'Arpette bei Champex, Telefon +41 (0)27 783 12 21,
www.arpette.ch

Diesen Ausblick auf das Dorf Bruson im Val de Bagnes geniesst man von Verbier. Im Hintergrund der Mont Brûlé.

Val de Bagnes – Tal am Fusse des Grand Combin

Die Vereinnahmung der Berggebiete durch profitorientierte Hochtechnologie hat Maurice Chappaz in Rage gebracht. Sein Pamphlet *Die Zuhälter des ewigen Schnees* ist ein Aufschrei gegen die Zerstörung seiner Heimat und brachte ihn in die Schlagzeilen. Er wurde zu einem der bekanntesten Walliser Schriftsteller. Verbier, einst ein weltabgeschiedenes Bauerndorf, hat heute als Wintersportmetropole Weltruf und ist fast ganz in den Händen ausländischer Investoren. Maurice Chappaz bleibt jedoch mit seinem Schreiben als Waffe trotz seines hohen Alters nicht untätig. Der über neunzigjährige, in Le Châble lebende Poet heckt momentan sein neuestes Werk aus.

Gottlob muss das Val de Bagnes, die grösste Gemeinde der Schweiz, seinen Grund und Boden zur Hälfte mit Gletschern und rauhem Gelände teilen, was Schranken setzt, sodass die Natur der Stär-

Seeperle Lac de Louvie mit Grand und Petit Combin.

kere bleibt. Eindrückliche Wan-
derwege fordern zum Entdecken
auf. Sensationell ist die Tour
du Val de Bagnes, die in einer
Woche das Tal auf schönste
Weise umkreist. Man kann sich
auch kurze Abschnitte heraus-
picken. Die spektakulärsten sind
der «Sentier des Chamois» zum
Lac de Louvie, der quasi vis-à-vis
vom vergletscherten Combin-
Gebirgsgiganten verläuft, wie
auch die Route von Mauvoisin
über den Col des Otanes zur
Cabane de Panossière. Sie
vermitteln Himalaya-ähnliche
Eindrücke.

Die Bisse de Levron erzählt eine
andere Geschichte: die eines
über fünfhundertjährigen Streits
zwischen den Dörfern Levron
und Verbier. Ihre kühne Wegfüh-
rung zum Chute du Bisse, aber

Die Cabane de Panossière hoch über
dem Val de Bagnes.

auch die botanische Artenvielfalt
am Wegesrand begeistern jeden
Wanderer und erlauben einen
abwechslungsreichen Bummel
über Verbier.

Wandertipps: Sentier des Chamois: von der Bergstation Les Ruinettes über Verbier zum Lac de Louvie: 4 Std., Abstieg nach Fionnay: 1 Std., mit dem Postauto zurück nach Verbier. Mauvoisin–Cabane de Panossière: 4 Std.
Bisse du Levron: Der schönste Wegabschnitt zur Chute du Bisse dauert nur ½ Std. Ausgangspunkt ist das aussichtsreiche Restaurant Marlenaz (www.marlenaz.ch), mit dem Auto von Verbier über Les Esserts erreichbar.
Tour du Val de Bagnes: 5 bis 6 Tage. Ausführliche Wegbeschreibung: www.wandersite.ch oder www.verbier.ch

Unterkunftstipp: Cabane de Louvie, Telefon +41 (0)27 778 17 40.
Cabane de Panossière (Cab. F.X. Bagnoud), Telefon +41 (0)27 771 33 22.
Hotel de Mauvoisin, Telefon +41 (0)27 778 11 30, www.mauvoisin.ch

Tourismusbüros:
Wallis Tourismus, Telefon +41 (0)27 327 35 70, www.wallis.ch
Martigny Tourismus, Telefon +41 (0)27 720 49 49, www.martigny.com
Pays du St-Bernard, Telefon +41 (0)27 783 32 48, www.saint-bernard.ch
Verbier/Bagnes Tourismus, Telefon +41 (0)27 775 38 88, www.verbier.ch
Salvan/Les Marécottes Tourismus, Telefon +41 (0)27 761 31 01, www.salvan.ch
Finhaut Tourismus, Telefon +41 (0)27 768 12 78, www.finhaut.ch

Literaturtipps:
Albin Favez: Le chanoine Alphonse Berthouzoz, Prieur de Bourg-St-Pierre / La tête dans le ciel et les pieds sur terre.
Adolf Fux: Barry vom Grossen St. Bernhard, Hallwag Verlag
Michael T. Ganz/Dominique Strebel: Das Land ist masslos und ist sanft. Literarische Wanderungen im Wallis, Rotpunkt Verlag
Marcel Marquis: Grand Saint Bernard – chiens, cani, hunde, dogs, Editions du Grand-Saint-Bernard
Marc Nussbaumer: Barry vom Grossen St. Bernhard, Naturhistorisches Museum der Burgergemeinde Bern
Francois Perraudin: Sentiers Valaisans, Éditions Slatkine
50 sentiers à Thèmes dans l'Espace Mont-Blanc, Glénat

Jella im Spurt.

© 2008

Fondation Barry du Grand-St-Bernard

Gesamtherstellung und Vertrieb über den Buchhandel: AT Verlag, Baden

Texte: Iris Kürschner

Fotos: Iris Kürschner (wo nicht anders angegeben)

Historisches Bildmaterial: S.10–15; 18–21; 24–25 mit freundlicher
Genehmigung der Collection Vuyet

Lektorat: Asta Machat, München

Layout und Satz: Heidy Schuppisser, Baden

Lithos: Vogt-Schild Druck, Derendingen

ISBN 978-3-03800-436-3